NATHALIE SCHMIDT

WARUM?

Der Tod als Entwicklungsweg

Schirner Verlag

Alle beschriebenen Personen sind frei erfunden. Jedwede Ähnlichkeit zu lebenden oder verstorbenen Personen ist rein zufällig und nicht beabsichtigt.
Der Einfachheit halber ist im Text oft die männliche Form gewählt, wenn beide Formen (männlich und weiblich) Anwendung finden.

ISBN 978-3-8434-1119-6

Nathalie Schmidt:
Warum?
Der Tod als Entwicklungsweg

Umschlag: Murat Karaçay, Schirner,
unter Verwendung von # 30099003 (Schokolaune),
38856343 (rolffimages),
45332554 (JohanSwanepoel), www.fotolia.de
Redaktion & Satz: Sandra Frey, Schirner
Printed by: ren medien, Filderstadt, Germany

www.schirner.com

1. Auflage August 2013

Inhalt

Du kamst in diese Welt wie ein Segen,
du lebtest unter uns wie ein göttlicher Funke,
und du bist wieder gegangen wie ein Engel.

Dein Lächeln wärmte unsere Erde, dein Strahlen erhellte unsere Welt,
und deine Augen funkelten vor Freude und Glück.

Du hast uns nur kurz begleitet, und doch war es ein Leben lang.
Du hast uns gezeigt, wie die Sonne scheint,
auch wenn tiefe Dunkelheit uns umhüllt.
Du warst glücklich und frohen Mutes.
Du warst der Himmel auf Erden und der hellste Stern am Firmament.

Du warst Wegzeiger und Vorbild. Du warst immer für alle da.
Du warst weise und hast überlegt gehandelt.
Du warst der Fels in der Brandung.
Du warst der Leuchtturm im Nebel.
Du warst da.

Und nun bist du für immer fort, fort von uns und unserer Welt.
Ohne dich sind wir einsam, einsam und verlassen.
Was bleibt, ist unser Klageschrei in tiefer Nacht,
dessen Echo sich auf unsere ganze Welt erstreckt.
Was bleibt, sind unsere Tränen,
die sich in der Tiefe unseres Seins zu einem riesigen See sammeln.
Was bleibt, ist ein Schmerz, der uns tief in unserer Seele berührt.

Dein Leben währte nur kurz, und dennoch war es reich.
Du hast für uns gestrahlt und erhelltest unsere Welt.
Du wirst für immer in den Herzen und Seelen derer sein,
die dich kennenlernen durften.

In Erinnerung an alle, die zu früh aus diesem Leben geschieden sind.

Vorwort

Wenn jemand stirbt,
der uns nahestand,
ändert sich unsere Welt für immer.

Nichts ist mehr so, wie zuvor. Nie wieder wird unsere Welt so sein, wie sie zuvor war. Denn ein Mensch, den wir geliebt haben, ein Mensch, der uns in unserem Leben begleitet hat, ein Mensch, mit dem wir gelacht, geweint und gelebt haben, ist für immer von uns gegangen ...

Auf einmal ist er weg, und er wird auch nie wiederkommen. Sein Tod ist endgültig. Sein Tod ist wie eine Tür zu einem Kapitel unseres Lebens, die für immer geschlossen wurde und die sich niemals wieder öffnen lässt.

War dieser Mensch, den wir geliebt haben, am Ende seines Lebens angelangt, dann bleibt uns der Trost, dass er ein langes und erfülltes Leben hatte. Vielleicht hatte er auch ein aufregendes und bewegtes Leben. Auf jeden Fall fällt es uns dann leichter, seine Seele gehen zu lassen. Doch was ist mit all den Menschen, die eigentlich zu jung waren, um zu sterben? Mit geliebten Menschen, die noch ihr ganzes oder ihr halbes Leben vor sich hatten? Was ist mit den Menschen, bei denen wir nicht damit gerechnet hätten, sie so schnell zu verlieren? Menschen, die mit ihrem Tod eine riesige Lücke in unserem Leben hinterlassen? Eine Lücke, die sich niemals ganz schließen lässt ...

Gestern waren sie noch da. Wir konnten sie sehen, hören und fühlen. Heute sind sie für immer für uns verloren. Sie sind einfach weg, verschwunden, in eine uns fremde Welt, in eine andere Dimension. Sie sind nicht mehr da, wo wir sind, und das tut unendlich weh ...

Ihr Tod hat uns einsam gemacht. Ihr Tod gibt uns das Gefühl, für immer verlassen worden zu sein. Wir klagen über das Schicksal, und wir stellen uns alle dieselbe Frage: »Warum?«

»Warum bist du gegangen? Warum hast du uns verlassen? Warum bist du nicht mehr hier? Warum wurdest du so krank? Warum wolltest du nicht mehr leben? Warum ist dieser schreckliche Unfall geschehen?«

Jeder, der einen geliebten Menschen verloren hat, möchte wissen, warum dies geschehen ist. Er möchte wissen, welchen Grund der Tod gehabt hat, denn nichts ist schlimmer als ein Tod, der sinnlos erscheint. Doch der Tod ist niemals sinnlos, auch wenn es auf den ersten Blick so erscheinen mag. Er ist uns niemals ohne Grund so nahe gekommen, auch wenn wir es manchmal nicht wahrhaben möchten. Der Tod ist nichts Zufälliges, nichts Grundloses, nichts Sinnloses, genauso wenig wie alle anderen Begebenheiten in unserem Leben. Alles, was uns widerfährt, hat seinen Sinn und Zweck. Alles geschieht aus einem bestimmten Grund, und auch der Tod eines geliebten Menschen hat seinen Sinn, seinen Zweck und seinen Grund …

Dieses Buch dient nicht dazu, nach Schuldigen zu suchen. Dieses Buch dient nicht dazu, anzuklagen und Menschen zu verurteilen. Menschen, die leben, können Fehler machen. Es gibt Fehler, die man entschuldigen kann. Andere Fehler lassen sich wiederum niemals entschuldigen. Wichtig ist jedoch, dass jeder Einzelne von uns über die Dinge nachdenkt, die er tut, und auch über die Dinge, die er unterlässt. Denn alles, was wir hier auf Erden bewegen, bewirkt etwas. Es verändert unsere Welt. Alle unsere Aktionen ziehen Reaktionen nach sich. Alles ist energetisch mit uns verbunden. Daher sind wir in der Lage, alles zu erschaffen, aber auch alles zu zerstören. Wenn wir irgendetwas im Leben tun, egal was, dann verändern wir diese Welt. Ja, wir verändern diese Welt allein durch unsere Anwesenheit, aber auch durch unsere Abwesenheit. Die Welt, in der wir leben, ist ein Teil von uns, so, wie auch wir ein Teil dieser Welt sind. Wir müssen uns bewusst werden, welche Macht wir dadurch haben, aber auch, welche Verantwortung. Wir haben diese Verantwortung übernommen, als wir beschlossen, ein Mensch zu werden. Wir dürfen uns ihrer niemals entziehen. Wir müssen uns stets bewusst sein, was es heißt, hier auf Erden zu sein, was es bedeutet, wenn wir mit anderen kommunizieren, mit anderen umgehen. Wir müssen wissen, was es bedeutet, hier zu leben. Der Mensch hat in jedem Augenblick seines Lebens die Aufgabe, sich mit allem, was er tut, mit allem, was er sagt, und mit allem, was er denkt, auseinanderzusetzen. Wir können Geschehnisse nicht rückgängig machen, aber wir können aus ihnen lernen …

10

Der Tod ist Teil des Lebens.

Tabuthema Tod

Wir alle wollen leben.

Über den Tod sprechen wir nicht gerne. Wir versuchen möglichst, ihn aus unserem Leben auszugrenzen. Wenn jemand im Sterben liegt, wird nur hinter vorgehaltener Hand davon geflüstert, dass der Tod ihn bald ereilt. Kaum einer wagt es, dem Sterbenden die Wahrheit zu gestehen. Lieber wird mit Ausreden und Lügengeschichten am Leben festgehalten, auch wenn es nur noch am seidenen Faden hängt.

Jeden Augenblick sterben Menschen auf dieser Welt, und andere werden geboren.

Dies ist eine Tatsache, die besonders wir Menschen im Westen weder sehen noch hören wollen. Viel zu sehr klammern wir uns an unser Leben. Manche von uns versuchen, niemals alt zu werden, in dem irrigen Glauben, damit dem Tod entgehen zu können. Doch dies kann kein Mensch auf dieser Welt.

Solange er nicht geschieht, solange er uns nicht streift, ignorieren wir den Tod gerne. Er existiert für uns einfach nicht. Wir wollen ihn nicht sehen, nicht spüren, nicht haben. Wir wollen uns nicht mit dem Tod beschäftigen, denn der Tod ist unserer Ansicht nach schlecht. Der Tod ist für uns böse. Der Tod bedeutet für uns Schmerz und Verlust.

Niemand redet gerne über den Tod. Das Leben und der Tod scheinen sich zu widersprechen. Sie scheinen zwei völlig gegensätzliche Teile eines Ganzen zu sein. Und da uns das Leben geschenkt wurde, meinen wir, den Tod durch Ignoranz und Verdrängung verhindern zu können. Doch diese Meinung ist falsch. Wir können und dürfen den Tod nicht aus unserem Leben ausklammern.

Der Tod ist Teil des Lebens, so, wie Atmen und Herzschlag zum Menschsein gehören.

Wir müssen uns jeden Augenblick bewusst sein, dass wir hier auf Erden sind, um eines Tages zu sterben. Eines Tages heißt vielleicht schon morgen, übermorgen, nächste Woche, nächsten Monat, nächstes Jahr oder erst in langer Zeit. Doch wir wurden alle geboren, um eines Tages zu sterben.

Sterben ermöglicht erst das Leben.

Unsere Welt besteht aus Kreisläufen, und auch unser aller Leben ist diesem endlosen Kreislauf unterworfen. Wir werden geboren, wir leben, und wir sterben. Diesem Kreislauf gehorcht die gesamte Welt. Alle Pflanzen, alle Tiere und auch der Mensch sind Teil dieses nie enden wollenden Kreislaufs.

Wenn wir ein Menschenleben mit dem Leben einer Fliege vergleichen, die nur einen Tag auf unserer Erde weilt, wie viele Tode kann der Mensch dabei betrachten? Wie viele Kreisläufe von Geburt und Tod? Oder nehmen wir einen Hund, den der Mensch als Haustier hält: Wie viele Hunde kann ein Mensch im Leben halten und wieder sterben sehen, bevor seine eigene Uhr abgelaufen ist? Wie viele Hunde könnten sein Haustier sein, wenn er immer nur ein einziges hat?

Der Tod begleitet uns Menschen von Anbeginn, doch sehen wollen wir ihn nicht. Schon immer starben Menschen vor ihrer eigentlichen Zeit – bevor sie alt und grau waren und ihr Körper nicht mehr konnte. Früher waren es oft Kriege, schlimme Erkrankungen und Schicksalsschläge, die ein junges Leben nahmen. Heute ist es nicht anders, und dennoch meinen wir, mit unserer modernen Medizin, mit unserem tiefen Wissen und sicheren Regionen in Europa, dass wir den Tod hierzulande besiegt hätten. Doch dem ist nicht so. In Wirklichkeit hat sich im Vergleich zu früher nicht viel geändert. Nur die Todesarten haben sich zum Teil gewandelt.

Der Tod ereilt uns nach wie vor genauso oft wie vor Hunderten von Jahren, nur die Art zu Sterben hat sich geändert.

Früher starben die Menschen bei Kutschunfällen, heute sind es Flugzeugabstürze. Früher starben die Menschen bei Reit- und Jagdunfällen, heute sind es Fahrrad-, Motorrad- und Autounfälle, denen sie zum Opfer fallen. Früher wurden Menschen von Wegelagerern überfallen und getötet, heute stechen sie sich im Streit ab. Früher töteten sie Entzündungen an Wunden, der Blinddarm oder ähnliches. Heute sind es Mutationen von Bakterien und Viren, denen wir Menschen zum Opfer fallen. Früher starben Mutter und Kind oft bei der Entbindung oder im Wochenbett, heute sorgen Depressionen für ganze Familienauslöschungen. Der Tod war immer da, und er wird auch immer da sein.

Wir Menschen können den Tod niemals besiegen, denn er ist ein Teil unseres Selbst, er ist Teil unseres Lebens.

Warum versuchen wir Menschen dann, den Tod Zeit unseres Lebens zu ignorieren? Warum sprechen wir so ungern über ihn? Warum tun wir alle so, als gäbe es ihn nicht? Und warum klammern wir uns alle so verzweifelt ans Leben?

Der Tod macht uns Angst, denn er zeigt uns, wer wir wirklich sind. Er zeigt uns, dass wir vergänglich sind, sterblich und zerstörbar, wie alles andere auf der Welt. Wir Menschen versuchen jedoch, diese Tatsache zu ignorieren. Wir meinen, wir wären besser, größer und stärker als alles andere auf dieser Welt. Doch tatsächlich sind wir genauso zerbrechlich wie feinstes Glas, so zerstörbar wie eine Tasse aus Porzellan, so anfällig wie Mutter Natur. Wir sind weder aus Stahl noch aus Granit. Wir bestehen aus zerstörbarer Haut, aus blutenden Muskeln und aus empfindlichen Organen. Unser knöcherner Kopf, der das wichtige Gehirn ummantelt, ist leicht zu zerstören. Krankheitserreger schaffen es immer wieder, unsere Immunbastion zu durchdringen. Wir sind nicht unzerstörbar. Tatsächlich sind wir mehr als verletzlich.

Auch wenn wir denken können, schützt uns dies oft vor Torheit nicht. Auch wenn wir fühlen können, begeben wir uns oft in Gefahr. Auch wenn wir sehen können, gehen wir oft den falschen

Weg, und auch wenn wir hören können, ignorieren wir oft den Alarm.

Meist geht dies gut, aber eben nicht immer. Was bleibt, sind Leid und Schmerz – Leid und Schmerz für den Betroffenen selbst oder im schlimmsten Fall für die Angehörigen. Doch auch wenn wir Beispiele von Todesfällen sehen, hören oder lesen, meinen wir immer, dies beträfe uns nicht. Wir meinen, wir wären unzerstörbar und uns würden diese schlimmen Schicksalsschläge nicht ereilen. Doch auch die, die vor uns gegangen sind, werden dies gedacht haben. Auch diejenigen, die gestorben sind, haben einst gedacht, sie würden ewig leben. Auch die Angehörigen dieser Menschen hätten niemals gedacht, dass diese Tragödie einem Mitglied ihrer Familie widerfahren würde.

Der Tod ist da, er ist immer und jederzeit in unserer Nähe. Er begleitet uns ein Leben lang. Manchmal kommt er uns nahe,
manchmal ist er
nur in der Ferne,
doch er ist in jedem Moment
unseres sterblichen Lebens unser Begleiter.

Wir Menschen müssen uns dessen bewusst sein. Denn erst wenn wir lernen, den Tod als Tatsache und als allgegenwärtigen Teil unseres Lebens zu akzeptieren, können wir auch wahrhaftig leben.

Das natürliche Ende eines Lebens

Die Natur gibt uns das Leben, und sie nimmt es uns auch wieder.

Der Tod an sich ist nichts Ungewöhnliches, auch wenn er uns Schmerz und Kummer bringt. Das Sterben ist ein ganz natürlicher Vorgang. So, wie die Geburt den Beginn des Lebens markiert, so beendet der Tod das Leben. Wir alle werden geboren, um zu leben und um eines Tages wieder zu sterben. Das ist ganz normal und der Lauf der Dinge, und dennoch schmerzt uns der Tod wie nichts auf der Welt.

Wie alt muss ein Mensch werden, damit wir »einverstanden« sind mit seinem Tod? Was ist das »richtige« Alter zum Sterben? Gibt es das überhaupt, oder existiert dieser Zeitpunkt nur in unserer Vorstellung? Wann ist ein Leben für uns Menschen abgeschlossen, und wann hat der Tod das Recht, zuzuschlagen? Wann ist ein Leben wirklich und wahrhaftig »zu Ende« gelebt?

Jeder Mensch hat eine andere Vorstellung vom richtigen Zeitpunkt des Todes.

In der Regel sagen nur alle, dass ein Mensch alt sein sollte, wenn er stirbt. Doch was heißt »alt«? Wer ist alt? Der 30-Jährige der seinen Körper mit Drogen, Alkohol und Nikotin kaputt gemacht hat und mehr tot als lebendig durchs Leben geht? Oder die 90-Jährige, die Fallschirm springt und sich voller Kraft und Leben fühlt? Wer bestimmt, was alt ist? Ist man alt, wenn man 70 Jahre alt ist, oder ist man mit 80 alt? Hat man als alter Mensch das Recht, 90 zu werden oder gar die magischen 100 zu schaffen?

Wann sind wir alt genug, um zu sterben? Wann dürfen wir sterben? Wann verursachen wir in unserem Umfeld keinen Schmerz mehr durch unseren Tod?

Diese Fragen kann kein Mensch beantworten, denn der Tod wird in unserer Gesellschaft immer seinen Schmerz hinterlassen. Irgendjemand wird immer traurig sein und die verstorbene Person vermissen. Dennoch können wir mit einem späten Tod besser leben als mit einem frühen.

Manchmal sind wir sogar dankbar für den Tod eines Menschen, weil dadurch sein unendliches Leid beendet wird. Dann sehen wir den Tod als Erlösung von Schmerz und Qual. In diesen Situationen sehnen wir den Tod herbei, und auch der Sterbende ist oft dankbar, wenn sein Leid endlich ein Ende hat.

Der Tod beendet das Leben, so, wie der Schlaf den Tag beendet.

Wir dürfen den Tod nicht fürchten und auch nicht hassen, denn er ist immer ein Teil unseres Lebens. Jeder Mensch, der lebt, wird vom Tod begleitet. Jeder Mensch, der atmet, begegnet dem Tod viele Male im Laufe des Lebens.

Der Tod ist immer da, so, wie auch das Leben immer da sein wird.

Tod und Leben sind zwei Teile eines Ganzen, und wenn wir leben wollen, dürfen wir den Tod nicht von uns schieben, denn er ist, wie unser Schattenbild in der hellen Sonne, immer mit uns verbunden. Er folgt uns, und er beobachtet uns. Und wenn wir ihn vergessen, dann schlägt er eines Tages zu – plötzlich und unvermittelt und mit all seiner Endgültigkeit, die uns den Boden unter den Füßen wegzieht.

Jeden Tag, den wir hier auf Erden verbringen, müssen wir wissen, dass dieses Leben ein Geschenk ist, kostbar und einzigartig und unheimlich zerbrechlich. Das Leben kann von heute auf morgen anders sein, als wir es uns gedacht haben. An jedem Tag in unserem Leben kann etwas geschehen, sodass sich von einem Augenblick auf den anderen alles wandelt. Mit einem Schlag kann unser Leben oder das eines geliebten Menschen für immer vorbei sein. Wir wissen nicht, wann dies geschieht, aber wir müssen die Erkenntnis in uns tragen, dass es jederzeit geschehen kann. Jeder einzelne Augenblick ist daher kostbar und ein unendlich großes Geschenk. Leben Sie in vollen Zügen, tun Sie die Dinge, die Ihnen wichtig sind. Verbringen Sie Zeit mit Menschen, die Ihnen wichtig sind, und schieben Sie diese kostbaren Augenblicke nicht auf später, denn wer weiß, was später ist …

Eine Liebeserklärung ist das wertvollste Geschenk für einen Menschen.

Verteilen Sie Ihre Liebe, und fassen Sie sie in Worte und Taten, wo immer Sie können.

Niemals wissen wir, was das Morgen bringt. Vielleicht ist das, was uns wichtig war, morgen nicht mehr da. Vielleicht sind wir morgen selbst nicht mehr da, oder die Person, die uns wichtig ist. Sie mögen sagen, die Wahrscheinlichkeit ist gering, dass wir morgen nicht mehr das sagen können, was wir sagen wollten oder sagen sollten. Es mag sein, dass diese Wahrscheinlichkeit nicht sehr hoch ist, aber sie ist dennoch gegeben. Sie ist immer und jeden Augenblick des Lebens vorhanden. Denn wir Menschen sind schwach und klein. Vieles kann uns geschehen. Wir sind nicht so stark, wie manch einer meint. In Wirklichkeit sind wir Menschen allen möglichen Gefahren ausgeliefert. Und auch wenn wir uns durch das moderne Leben vor vielen Gefahren schützen können, erschaffen wir dadurch auch weitere Gefahren.

Der Tod kann uns überall ereilen. Er kann hinter der nächsten Ecke lauern. Wenn der Zeitpunkt gekommen ist, dann kann sich der Mensch nicht gegen den Tod wehren. Denken Sie an Reichsgraf Berghe von Trips, den Formel-1-Rennfahrer. Er starb am 10. September 1961 während eines Formel-1-Rennens bei einem schlimmen Unfall. Doch wäre er an diesem Tag dieses Rennen nicht gefahren, wäre er dennoch gestorben. Denn am gleichen Tag stürzte ein Flugzeug der »President Airlines« auf dem Weg von Düsseldorf nach Chicago ab, bei dem alle Insassen starben.* Trips sollte ursprünglich mit an Bord dieses Fluges sein. Sein To-

* Vgl. http://www.oppisworld.de/zeit/kalender/katastro.html (eingesehen 07/05/2013).

destag war anscheinend vorprogrammiert. Dafür spricht ebenfalls, dass er seltsamerweise seinem Mechaniker vor dem Start seinen Ring, seine Uhr und seinen Ausweis übergab, was er nie zuvor getan hatte.** Auch Ayrton Senna, ein anderer Rennfahrer, spürte sein Unglück anscheinend voraus, und dennoch stieg er ins Formel-1-Auto an jenem Tag, der sein letzter war. So soll er am Abend vor dem Rennen zu seiner Freundin am Telefon gesagt haben, dass er ein schlechtes Gefühl für das Rennen habe und am liebsten gar nicht fahren würde. ***

Den Tod kann der Mensch nicht mit herkömmlichen Mitteln aufhalten. Der Mensch kann nur so leben, dass der Tod ihn nicht vorzeitig ereilt.

Der Tod sollte erst am Ende eines langen und reichen Lebens auf sanften und leichten Füßen kommen. Wenn ein Mensch ein erfülltes Leben hatte und im Alter von mehr als 80 Jahren für immer entschläft, dann ist der Tod friedlich und willkommen. Dann ist der Tod der Schlaf am Ende eines schönen Lebens.

**Vgl. http://www.bild.de/sport/motorsport/wolfgang-graf-berghe-von-trips/vor-50-jahren-verunglueckte-der-erste-deutsche-formel-1-held-19858954.bild.html (eingesehen 07/05/2013).

*** Vgl. http://www.faz.net/aktuell/sport/formel-1/ayrton-senna-crash-staub-stille-sterben-1156461.html (eingesehen 07/05/2013).

Kampf gegen den Tod

Der Tod ist der einzige Feind, den wir niemals besiegen können.

Wenn die letzte Stunde eines Menschen wirklich geschlagen hat, dann gibt es keinen Weg zurück. Trotz moderner Medizin und trotz jeder Menge Technik sind wir machtlos gegen den Tod. Es ist die Seele selbst, die entscheidet, wann der Zeitpunkt gekommen ist, von dieser Welt zu gehen. Ist die Entscheidung wirklich getroffen, dann gibt es keinen Weg zurück.

Der Tod ist schlau. Der Mensch vermag ihn selten zu besiegen. Nur wenn es die Seele will, sind wir Menschen in der Lage, über ihn zu triumphieren. Doch meist behält der Tod die Oberhand im Kampf um Fleisch und Blut. Er nimmt sich, wen er bekommen kann, ohne Erbarmen, ohne Rücksicht und ohne jedes Mitgefühl.

Jedes Bitten, jedes Flehen hat keinerlei Sinn, wenn die Zeit eines Menschen gekommen ist.

Jedes Hoffen, jedes Bangen ist Verschwendung, wenn der Tod bereits sein nächstes Opfer auserwählt hat. Auch wenn wir klagen, schreien und versuchen, alles Erdenkliche zu tun – wenn der Augenblick des Todes gekommen ist, sind wir machtlos. Dann nimmt er uns den Menschen, den wir liebten, aus unserer Mitte. Er nimmt ihn aus unseren Händen. Egal, was wir versuchen, egal, was wir bereit sind zu geben, wenn der Tod kommen soll, dann wird er es tun.

Selbst wenn wir direkt neben seinem nächsten Opfer sitzen, sind wir kaum in der Lage, etwas gegen den Tod zu tun. Wir können versuchen, den Menschen wiederzubeleben, doch es liegt allein in Gottes oder des Todes Hand, ob uns dies auch gelingt.

Unzählige Menschen mit Nahtoderfahrungen, die dem Tod in letzter Sekunde von der Schippe gesprungen sind, haben alle das Gleiche berichtet: Die Seele hatte die Erkenntnis, dass sie zurück in unsere Welt musste, dass sie noch eine Aufgabe hatte, dass sie unsere Welt noch nicht verlassen durfte.

Nur, wenn die Seele weiterleben will, kann ein Mensch im Angesicht des Todes ins Leben zurückgeholt werden.

So wie wir Menschen oft machtlos dagegen sind, wenn ein Paar kein Kind bekommen kann, so machtlos sind wir im Kampf gegen den Tod. Manche Dinge können wir trotz Weiterentwicklung niemals wirklich beherrschen. Auch wenn die Medizin sich fortentwickelt und weitere Erfolge erzielt – Leben und Tod sind und bleiben Teil des seelischen Plans.

Nehmen wir einen Menschen, der nach einem schweren Unfall mit Kopfverletzungen im Koma liegt. Niemand weiß, ob dieser Mensch jemals wieder aufwachen wird. Die Mediziner mögen ihn mit Apparaten am Leben erhalten, doch ob er im eigentlichen

Sinne noch lebt, das weiß niemand. Oft klammern wir uns an dieses Leben, und dennoch ist die Seele vielleicht bereits nicht mehr in diesem Körper. Der Mensch wäre tot, wenn die Maschinen ihn nicht künstlich beatmen und alle anderen Körperfunktionen übernehmen würden.

Die große Frage hierbei ist: Ist das noch ein Leben? Oder anders ausgedrückt: Wo beginnt der eigentliche Tod?

Andere Menschen liegen lange Zeit im Koma und wachen wieder auf. Sie geben denen Hoffnung, die selbst so einen Fall in ihrer Familie wissen. Diese Fälle geben Zuversicht, dass alles wieder gut werden kann. Leider kann man nicht mit Sicherheit sagen, welche Gehirnaktivität Komapatienten aufweisen, obwohl es mittlerweile Untersuchungen gibt, die eine Kommunikation des Komatösen bestätigen. Dennoch bleibt den Angehörigen oft nur übrig, sich an ihre Hoffnung zu klammern.

Im Koma ist die Seele weit vom Körper entfernt und dennoch immer mit ihm verbunden. So ist beides möglich: Leben und Tod.

Die richtige Entscheidung in so einem Fall zu treffen, ist sehr schwer, doch auch das ewige Warten auf das Aufwachen ist für die Angehörigen zermürbend und eine endlose Qual. Manchmal dauert es Jahre, bis sich die Seele letztendlich vom Körper löst und damit auch den Angehörigen die schwere Entscheidung über das Leben oder den Tod ihres Angehörigen abnimmt.

Gegen den Tod können wir ansonsten nicht gewinnen. Wir sind ihm machtlos ausgeliefert, es sei denn, wir verstehen die Gesetze des Lebens. Dann sind wir dazu in der Lage, den Tod nach hinten zu verschieben und ihn in ein angenehmes Wesen zu verwandeln. Ganz aufhalten können wir ihn jedoch nicht. Doch wir können unser eigenes Leben und Sterben zu einem Großteil mitbestimmen. Nur so können wir Herr über unser Leben und letztendlich auch Herr über unseren eigenen Tod werden. Doch dies betrifft lediglich uns selbst, denn den Tod anderer können wir damit nicht beeinflussen. Nur unser eigenes Leid lässt sich durch das Meistern der Lebensgesetze reduzieren. Dies ist nicht einfach. Ganz im Gegenteil: Eigentlich ist es eine Kunst, und dennoch kann sie jeder erlernen.

Den Tod können wir nicht bekämpfen. Wir können ihn aber verstehen und damit beeinflussen.

Der Tod hat viele verschiedene Gesichter

Wenn der Tod dich ereilt,
dann lächle noch ein letztes Mal.

Der Tod hat ganz unterschiedliche Facetten. Kein Tod gleicht dem anderen, und dennoch ist das Ergebnis jedes Mal gleich: Ein Mensch, den wir geliebt haben, ist nicht mehr hier in unserer Welt.

Manchmal kommt der Tod auf leisen Schritten. Er pirscht sich an, hält sich im Verborgenen wie eine giftige Schlange, bereit, jederzeit zuzuschlagen. Dabei verfolgt er sein Opfer. Er lässt es nie ganz aus den Augen. Manchmal ist er dabei ganz nahe, und wir wähnen den Kampf um den geliebten Menschen als verloren, doch dann entfernt der Tod sich wieder einige Schritte. Er bleibt in unserem Bewusstsein und demonstriert uns seine Macht – die Macht, uns jederzeit das zu nehmen, was unser Herz begehrt.

Andere Male schlägt der Tod aus heiterem Himmel zu, wie ein Raubvogel, der sich plötzlich auf sein Opfer stürzt. Wie ein Blitz stürzt er herab, packt sich sein Opfer und greift gnadenlos zu. Dabei kann es so schnell gehen, dass das Opfer nicht einmal merkt, dass sein Leben bereits vorbei ist. Erst im Jenseits stellt die Seele fest, dass sie nicht mehr auf unserer Erde weilt.

Es gibt Menschen, die lange krank sind und für die der Tod als eine Art Erlösung kommt. Auch wenn die Krankheit meist aus dem Nichts kommt, können sich in so einem Fall die Angehörigen auf den Tod vorbereiten, denn er kommt schleichend und lässt ihnen Zeit zum Abschied nehmen. Allerdings birgt er viel Schmerz und Leid für denjenigen, der unsere Welt verlassen muss.

Viele Menschen sterben an Krebs, der Erkrankung, die den Körper innerlich zerfrisst und vollends zerstört. Sie gehen einen unendlich schmerzhaften und leidvollen Weg. Auch wenn der betroffene Körper noch jünger ist, zerfrisst der Krebs alles Leben. Innerhalb von wenigen Monaten oder manchmal auch nur Wochen verwandelt die Krankheit den Körper in ein noch lebendiges, aber sterbendes Wrack. Aller Glanz, aller Lebensmut verschwindet am Ende eines solchen Weges.

Zurück bleibt beim Krebstod nur die Essenz des Menschen, seine Seele.

Andere Menschen sterben an Demenz oder Alzheimer. Sie behalten einen recht intakten Körper, wenn andere ihn bis zu ihrem Tod pflegen. Doch es ist ihr Kopf, der hier seinen Dienst quittiert. Ohne Hilfe von außen vergehen diese Menschen jämmerlich. Doch sie sind sich dessen nicht einmal bewusst. Für viele Menschen ist dies eine der schlimmsten Arten, ihren Angehörigen zu verlieren. Denn auch wenn der Körper noch lange verweilt, ist die Essenz des Menschen am Ende nicht mehr vorhanden. Diese Menschen sind wie eine leere Hülle auf Erden. Nur ein kleiner Rest ihres Seins, dessen, was sie einst waren, bleibt noch mit dem Körper verhaftet. Doch der Hauptanteil der Seele weilt bereits in einer anderen Welt. Der Körper kann diesen Teil nicht mehr erreichen. Zu weit entfernt ist sein eigenes Sein.

Alzheimer- und Demenzkranke sind durch einen intakten Körper an unsere Welt gefesselt, obwohl ihre Seele sich bereits seit Langem gelöst hat.

Sich ausbreitende Lähmungen sind ein weiterer Weg zum Tod. Die betroffenen Seelen wählen diesen Weg bewusst. Oft konzentrieren sich Menschen mit solchen Krankheiten sehr auf ihr Gehirn. Viele von ihnen sind hochintelligent. Schließlich müssen sie keine Energie mehr in ihren Körper investieren, und alle Ressourcen stehen dem Denken zur Verfügung. Dennoch ist es kein einfacher Weg, denn wir sind hier auf Erden auf einen intakten Körper angewiesen. Versagt er letztendlich den Dienst, dann kann auch das Gehirn nicht allein weiterexistieren. Menschen, die aufgrund von Krankheiten an Lähmungen leiden, sind oft kopfgesteuert. Sie verzichten auf einen intakten Körper zugunsten anderer Bereiche, wie logisches Denken, wissenschaftliche Intelligenz und neue Erkenntnisse.

Bei einem Schlaganfall wird ein Teil des Gehirns zerstört. Es geht einfach zugrunde, entweder durch einen Mangel oder durch einen Überschuss an Blut. Daran können wir erkennen, wie ausgeklügelt der menschliche Körper funktioniert. Meist ist die goldene Mitte das richtige körperliche Maß für Gesundheit und Wohlgefühl. Das Blut ist unser Lebenssaft, der unseren großen Motor, das Herz, in Gang hält, genauso wie die vielen kleinen Motoren in Form von Billionen Zellen. Unser Gehirn ist die Schaltzentrale, die gewöhnlich alles reguliert. Bei einem Schlaganfall wird durch ein Übermaß an Leben oder ein Mangel desgleichen die Zentrale schwer gestört. Je nachdem, wie stark und groß die beeinträchtigten Bereiche sind, ist ein Weiterleben des Betroffenen eingeschränkt möglich oder auch nicht mehr machbar. Doch selten bleibt eine derartige Attacke ohne Folgeschäden. Halbseitige Lähmungen an einem Arm und oder einem Bein sind häufig, ebenso Sprachstörungen sowie weitere Lähmungserscheinungen. Nicht immer sind diese Schäden komplett reversibel. Der Betroffene muss nun lernen, mit einem äußerst angeschlagenen Körper in einer scheinbar von Perfektion geprägten Welt weiterzukommen. Unser Lebensmotor, das Herz, auch das Sinnbild der Liebe, ist häufig Sitz der Todesursache. Oft kommt ein Anfall aus heiterem Himmel, ohne große Vorzeichen oder zumindest keine, die ernst genommen wurden. Plötzlich ist ein Infarkt da, mit einem starken, vernichtenden Schmerz, der sich ähnlich anfühlt wie ein Messerstich mitten in die Brust. Dieser Vernichtungsschmerz ist oft so groß, dass der Betroffene in eine Schmerzstarre verfällt. Er kann kaum mehr atmen, er kann sich kaum mehr bewegen, und alles scheint stillzustehen. Wenn der Infarkt zu stark ist, kippt der Mensch plötzlich um und ist sofort tot. Lediglich eine Reanimation kann ihn eventuell noch retten, doch in den meisten Fällen bleibt sie ohne Erfolg. Ist der Infarkt etwas weniger stark, dann läuft der einst kräftige Lebensmotor nur noch auf niederen Touren. Alles muss künftig langsamer und mit mehr Bedacht vonstatten gehen. Der betroffene Mensch darf sich keiner Hektik und keinem Stress mehr aussetzen, sonst steht der Motor künftig ganz still. Nach einem starken Infarkt ist das Leben selten wieder wie zuvor.

Manche Menschen wirkten scheinbar gesund, und dennoch brechen sie plötzlich zusammen. Der eine ist dabei sofort tot, andere lösen sich etwas langsamer von dieser Welt und leben noch einige Stunden bis Tage. Im Nachhinein bekommen die Angehörigen gesagt, dass der Verstorbene herzkrank war oder an einem Aneurysma (Ausbuchtung eines großen Blutgefäßes, welches plötzlich reißen kann) oder einer Blutung im Gehirn litt. Oft bleibt dabei keine Zeit für sie, sich zu verabschieden, bevor der Tod zuschlägt.

Andere kommen bei einem Unfall ums Leben, im Auto, im Flugzeug, in den Bergen oder beim Sport. Oft wird danach festgestellt, dass der Betroffene einfach zur falschen Zeit am falschen Ort war.

Hat der Unfall zum sofortigen Tod geführt, ist er dennoch für die Angehörigen mit sehr viel Leid und Schmerz verbunden. Zu plötzlich hat der Tod zugeschlagen und meist auch viel zu früh.

Andere Menschen sind unglücklich in ihrem Dasein und werfen ihr Leben einfach weg. Sie stürzen sich in den Tod, schneiden sich die Pulsadern auf oder setzen ihrem Leben anderweitig ein Ende. Dieser Tod ist für die Angehörigen ein Schlag ins Gesicht. Sie machen sich Vorwürfe, fragen sich, ob sie sich zu wenig um die betroffene Person gekümmert haben, ob sie mehr hätten tun sollen oder können, ob sie schuld sind und versagt haben. Auch hier ist für die Angehörigen kein Abschied möglich, und selbst wenn der Verstorbene seinen Angehörigen einige Zeilen hinterlassen hat, trösten diese meist kaum über den Schmerz hinweg.

Der Tod ereilt einen Menschen manchmal bereits im Mutterleib, bevor sein Leben überhaupt richtig beginnen kann. Fehl- und Totgeburten beenden das Leben eines Menschen bereits vor seiner Geburt in unsere Welt. Komplikationen bei der Geburt, angeborene Krankheiten und der gefürchtete plötzliche Kindstod nehmen jungen Eltern ihr Glück, bevor sie es richtig kennenlernen oder leben durften.

Streitereien, Mord und Bosheit können ebenso zum Tod führen. Unachtsamkeit, Größenwahn, Drogen und Alkohol holen sich immer wieder ihre Opfer. Der Tod hat unendlich viele Gesichter, mit dem er uns das Liebste auf Erden nehmen kann. Doch das Gesicht eines toten Menschen ist immer gleich: leer und ohne Leben, eine Hülle ohne Kern. Der Mensch an sich weilt nicht mehr auf Erden, nur noch seine Hülle – der Körper – bleibt eine Zeit lang bestehen.

Im Tod haben alle Menschen das gleiche Gesicht: Es ist leer, ohne einen Funken, ohne ein Strahlen. Es ist das menschliche Gesicht ohne Seele.

In jedem nur erdenklichen Alter sterben Menschen. Wir sind in keinem Alter vor dem Tod gefeit. Der Tod ist immer unser Nachbar, und wir wissen nicht, wen er sich als Nächstes holt. Niemals können wir uns wirklich sicher sein, ob wir eine Person, von der wir uns nach einem Treffen verabschieden, auch noch einmal wiedersehen werden. Diese Tatsache dürfen wir ein Leben lang nicht vergessen.

Jeder Tod erzählt eine Geschichte

Leben und Tod hängen zusammen.

Jeder Tod erzählt seine eigene Geschichte, so, wie auch jeder Mensch eine eigene Geschichte zu erzählen hat. Kein Leben gleicht dem anderen, und auch kein Tod erzählt dieselbe Geschichte. Selbst dann, wenn zwei Menschen gemeinsam sterben, in derselben Situation, beispielsweise weil sie im gleichen Auto saßen, als der tödliche Unfall geschah, erzählt ihr Tod niemals die gleiche Geschichte. Denn es waren zwei ganz unterschiedliche Menschen, die ganz eigene Leben hatten. Jeder hatte seine

Familie, seine Freunde, und selbst wenn beide Personen zu einer Familie zählten, waren sie dennoch nicht eins.

Jeder Mensch hat seine eigenen Empfindungen, seine eigenen Gefühle und seine eigenen Probleme. Auch wenn mehrere Menschen ein gemeinsames Schicksal haben, sind ihre Geschichten ganz verschieden.

Hinter jedem Tod steht ein Mensch mit einem eigenen Leben.

Oft werden wir auch erst durch den Tod eines Menschen auf ihn aufmerksam, etwa wenn wir von seinem Schicksal in der Zeitung lesen. Dann fragen wir uns: »Was war das für ein Mensch?« oder »Warum ist ihm das geschehen?«

Manche Schicksale machen uns betroffen, auch wenn wir die Person überhaupt nicht gekannt haben. Doch ihr Tod öffnet etwas in uns. Er öffnet eine Tür zu unserer Seele und macht uns verletzlich.

Der Tod öffnet das Tor zu unserer Seele.

Wenn ein Mensch stirbt, fangen wir an, uns gedanklich intensiver mit ihm zu beschäftigen. Wir grübeln über vergangene Begegnungen. Wir sinnen über das verlorene Leben nach. Wir überlegen, was hätte sein können und was nie wieder sein kann. Solange ein Mensch auf Erden weilt, halten wir das Leben und die Person für selbstverständlich. Der Mensch ist da, und wir können ihn jederzeit anrufen, mit ihm sprechen, ihn besuchen und umarmen, wann immer uns danach ist. Wir können ihm unsere Geheimnisse anvertrauen und mit ihm gemeinsam lachen. Wir vertrauen darauf, dass uns das ewig möglich ist. Wir sind uns seiner sicher und vertrauen auf das Leben. Niemals grübeln wir stundenlang über jemanden, der gesund und voller Leben ist. Erst wenn jemand sehr krank wird oder uns fehlt, beschäftigen wir uns vermehrt mit ihm.

Der Tod macht uns nachdenklich, denn er zeigt uns, wer wir wirklich sind: vergängliche Menschen, die nur eine gewisse Zeit auf dieser Erde verbringen.

Hinter jedem Tod steht ein Mensch, der gelebt hat, ein Mensch, der gelacht und geweint hat. Hinter jedem Tod steht eine Persönlichkeit, eine Seele. Hinter jedem Tod verbergen sich Leid und Schmerz.

Hinter jedem Tod verbirgt sich ein vergangenes Leben.

Der Tod deutet auf den verlorenen Menschen. Er streckt den Finger aus und sagt: »Seht her, das war euer Freund, und nun ist er bei mir. Er war unter euch, doch nun ist er mein. Ich habe ihn euch genommen, und erst jetzt erkennt ihr, wer er wirklich war. Erst jetzt seht ihr ihn mit meinen Augen. Erst jetzt nehmt ihr ihn so wahr wie ich, der Tod. Gestern habt ihr mit ihm gelacht, doch heute lache ich mit ihm. Gestern habt ihr ihn gesehen, doch heute sehe ich ihn. Ihr hattet ihn in eurer Mitte, doch nun ist er bei mir. Nie wieder könnt ihr mit ihm lachen. Nie wieder könnt ihr mit ihm weinen. Nie wieder werdet ihr ihn sehen. Alles, was ihr ihm noch sagen wolltet, kann nur ich ihm noch sagen. Und alles, was ihr noch mit ihm tun wolltet, ist für immer vertan. Ich, der Tod, habe ihn nun in meinen Fängen. Nun gehört er mir, und ihr werdet ihn niemals mehr wiedersehen.«

Durch den Tod gehen wir in die Vergangenheit zurück. Wir erinnern uns an die verstorbene Person. Wir prägen uns alles ein – ihr Gesicht, ihre körperlichen Bewegungen, ihre Art zu sprechen, ihre Stimme, ihre Gestik, ihr unvergleichliches Lächeln. Erst jetzt erkennen wir, wie kostbar der verlorene Mensch für uns war. Gestern war er noch bei uns, und heute haben wir nur noch die edlen Erinnerungen. Mehr ist uns von ihm nicht geblieben. Wir senden ihm unsere Liebe und denken gerne zurück. Im Leben müssen wir nun ohne die verlorene Person weitergehen. Dies fällt uns schwer, denn wir wollen uns nicht von der Person entfernen. Wir wollen sie festhalten, in uns und in unseren Gedanken. Wir wollen sie mit uns nehmen in die ferne Zukunft. Wir wollen ihr weiteres Leben schenken, so gut wir es können.

Der Verstorbene soll fortbestehen. Er soll für immer mit uns leben.

Für die Angehörigen ist es am schlimmsten, wenn die Person, die sie liebten und die nun verstorben ist, von der Welt einfach vergessen wird. Denn erst wenn niemand mehr an diese Person denkt, ist sie wirklich für immer verschwunden. Wenn kein Mensch mehr weiß, dass die Person jemals existiert hat, dann ist es, als hätte sie niemals gelebt, als wäre sie niemals hier auf Erden gewesen. Daher versuchen die Angehörigen alles, um die geliebte Person in Erinnerung zu rufen. Sie versuchen, die Toten mit aller Macht im Leben zu behalten. Gelingt es ihnen nicht, scheint ihr ganzes Leid um den Verlust, ihre ganze Trauer und ihre ganze Liebe für die verstorbene Seele keine Basis zu haben, keine Berechtigung und keine Substanz. Der Tote hat hier mit ihnen gelebt, und wenn er ganz ausgelöscht ist, dann ist auch die Vergangenheit, die seine Mitmenschen mit ihm teilten, ausgelöscht.

**Erst wenn wir jemanden vergessen,
löschen wir ihn aus unserer Welt.**

Der Tod bewegt die Menschen

Der Tod schenkt uns das Leben.

Das Ergebnis des Todes ist immer schmerzlich, denn wir haben jemanden verloren, den wir kannten und schätzten. Wir haben jemanden verloren, den wir liebten, und jemanden, der uns geliebt hat. Der Tod nimmt uns immer etwas weg, aber er gibt uns auch etwas zurück.

Das mag für manche in ihrer Trauer eigenartig klingen, und dennoch ist es so. Auch wenn man diese Tatsache erst später erkennen kann und will:

Der Tod bringt uns zurück ins richtige Leben.

Wie oft wandeln wir durchs Leben und regen uns über Kleinigkeiten auf, die nicht so verlaufen, wie es unseren Vorstellungen entspricht? Wie oft machen wir uns Gedanken über Dinge, die es eigentlich nicht einmal wert sind, überhaupt bedacht zu werden? Wie oft ärgern wir uns über Belanglosigkeiten?

Wir ärgern uns über unsere Nachbarn, über eine unfreundliche Person. Wir diskutieren über einen Strafzettel, über eine Steuererhöhung, über Politik und dergleichen. Wir schimpfen unsere Kinder wegen Zuspätkommens, schlechter Noten und Geschwisterstreit. Wir klagen über Geldprobleme, unseren Chef oder über unseren stressigen Beruf. Wir meckern über andere Autofahrer, den verpatzten Urlaub oder die gestohlene Geldbörse. Wie viele Menschen klagen über Frust und Depressionen? Wie viele Menschen sehen täglich nur ihr Leid und nicht die Schönheit ihres Lebens?

Wenn jemand stirbt, den wir liebten, dann fällt das alles von uns ab. Dann sind wir wieder ganz klar in unserer Welt. Was ist schon ein verlorenes Handy gegen den Tod eines Kindes? Was ist schon der nervige Arbeitskollege gegen den Tod eines Partners? Was ist schon der Familienstreit gegen den Tod eines Elternteils?

Der Tod macht uns frei.
Er befreit uns von allen menschlichen Irrungen.

Durch den Tod lernen wir, worauf es im Leben wirklich ankommt, was wirklich wichtig im Leben ist: nicht die kleinen banalen Dinge, nicht die geistigen Verwirrungen, sondern das wahre Menschsein, das seelische Dasein für das Wesentliche und für andere Seelen. Der Tod zeigt uns unsere Vergänglichkeit, unsere Verwundbarkeit, unseren Heldenmut. Der Tod zeigt uns, wer wir wirklich sind, denn durch den Schmerz des Todes reduziert sich unser Dasein in dem Moment nur auf unser wirkliches Leid: das Leid, eine geliebte Person für immer verloren zu haben.

Der Schmerz um den Tod eines nahestehenden Menschen geht bis in die Tiefe unserer Seele hinab.

Es ist ein seelischer Schmerz, auch wenn wir in der Tiefe unserer Seele wissen, dass der Tod uns niemals wirklich von der geliebten Person trennen kann. Dennoch geht der Schmerz tiefer, als jede andere Art von Schmerz es vermag. Er zieht uns jede schützende Rüstung aus. Er entzieht uns alles, was war, was ist und was jemals sein wird. Der Tod verändert uns, denn wenn wir jemanden verlieren, der uns wichtig ist, dann können wir nicht in unser altes Leben zurück. Dieses alte Leben existiert nicht mehr und wird auch nie mehr existieren können.

Mit dem geliebten Toten ist auch ein Teil von uns gegangen.

Das Leben, welches vor dem Tod bestand, ist vorbei. Wir können auch selbst nicht mehr zurück. Der Tod hat auch uns verändert, für alle Zeit. Wir behalten den Toten in Ehren. Wir denken an ihn, wir vermissen ihn und können ihn niemals wirklich loslassen. Er wird immer Teil unseres Lebens sein, solange wir auf dieser Erde weilen. Er ist immer noch in unserem Denken. Er ist immer noch in unserem Herzen, und er ist immer noch Teil unseres Seelenbildes.

Die Toten leben in uns fort, bis ans Ende unserer Zeit.

Wir haben uns verändert. Wir haben uns gewandelt. Wir haben uns zu einer anderen Person entwickelt. Der Tod führt uns, der Tod arbeitet in uns, der Tod verwandelt uns.

Der Tod bewegt uns zum Seelenbewusstsein.

Der Tod sorgt für unsere Wahrhaftigkeit. Er sorgt für die Reinheit unserer Seele. Er öffnet den Teil in unserem Inneren, den wir am liebsten verschlossen halten. Wir trauen uns selten, diesen Teil unseres Selbst zu offenbaren, denn er macht uns verletzlich. Er macht uns Menschen schwach. Doch er ist der Kern unseres Selbst. Er ist der Kern unseres Seins. Er ist unsere Seele. Bei den meisten von uns Menschen vermag nur der Tod diesen Teil ihres Selbst zu öffnen. Denn im Angesicht des Todes verlieren wir jegliche Angst. Wenn er zuschlägt, hat uns der Tod bereits alles genommen, was uns wichtig ist. Er hat uns bereits ein riesiges Opfer abverlangt. Daher kann uns in diesem Moment nichts Schlimmeres geschehen, und daher sind wir auch bereit, diese Tür in unserem Inneren zu öffnen.

Der Tod nimmt uns jede Angst, sodass wir bereit sind, anderen unsere Seele zu offenbaren.

Der Sinn des Lebens

Der Sinn des Lebens ist das Leben selbst.
Seien Sie sich dessen bewusst,
solange Sie leben.
Warten Sie nicht auf das Ende.

Um den Sinn eines bestimmten Todes zu verstehen, müssen wir zuallererst begreifen, wofür wir leben, warum wir eine Zeit lang auf dieser Erde weilen, wieso wir geboren werden, uns durch die Welt bewegen und eines Tages wieder von hier gehen.

Unser jeweiliges Leben ist nicht ohne Sinn. Es besteht nicht ohne Grund. Kein Leben ist vergeudet, und jeder Mensch hinterlässt seine Spuren. Wie feiner Nebel schwebt seine Energie durch unsere Welt. Sie berührt uns, sie bewegt uns, sie betrifft uns.

Jeder Mensch hat eine Bestimmung, eine Aufgabe und ein Lebensziel.

Wir leben nicht einfach nur so. Wir sind nicht zufällig auf dieser Welt. Nein, ganz im Gegenteil: Unser Leben dient einer höheren Aufgabe. Es dient einem ganz bestimmten Zweck. Auch die Umstände unserer Geburt, die Umstände unseres Lebens und die Umstände unseres Todes sind weise gewählt. Das gesamte Leben auf Gottes Erden dient lediglich unserer Seele. Keinen Menschen, dem wir im Laufe unseres Lebens begegnen, treffen wir ohne

Grund. Er dient uns und unserer Seele, so, wie wir ihm und seiner Seele dienen.

Jedes kleine Detail unseres Lebens ist Teil des großen Lebenspuzzles.

Alle Teile fügen sich zusammen, um ein großes, wichtiges Bild zu ergeben – unser Lebensbild, unser Lebensziel. Ein Puzzleteil allein scheint vom Zufall geprägt, doch betrachtet man den gesamten Verbund, dann weiß man, dass dies nicht stimmt, sondern dass alles seinen Platz hat, dass alles im Leben seine Bestimmung und seinen Grund hat.

Viele Menschen schauen jedoch weg. Sie wandern durchs Leben, ohne zu erkennen, wohin ihr Weg sie führen soll, ohne zu wissen, warum die Dinge so geschehen. Sie laufen und stolpern blind durch ihre Welt. Sie jammern und beklagen sich über die Steine in ihrem Weg, ohne zu wissen, dass sie die Steine selbst dorthin gelegt haben. Sie landen nicht dort, wo sie eigentlich hinwollten, und wollen nicht wahrhaben, dass sie selbst den falschen Weg eingeschlagen haben.

Viele Menschen beschweren sich über Leute, die sie ärgern. Doch diese Menschen sind nicht ihr Feind, sondern in Wirklichkeit ein Freund mit der Aufgabe, sie zu formen.

Das Leben ist für keinen Menschen zu schwer, denn er hat es selbst so gewählt. Wenn wir einen Menschen sehen, der mit geschlossenen Augen durch einen dunklen Tunnel voller Hindernisse stolpert, dann fordern wir ihn auf, die Augen zu öffnen und vorsichtig zu sein. Doch wie viele Personen in unserem Umfeld gehen blind durch ihr Dasein und wundern sich über die Ecken und Kanten, an denen sie hängen bleiben? Sie erschrecken sich über die vielen kleinen und großen Unfälle in ihrem Leben, ohne zu merken, dass sie selbst die Gefahr nicht gesehen haben.

Alles, was geschieht, dient einem höheren Ziel. Es dient Ihrer Seele.

Übung:

Stellen Sie sich vor, Sie sind eine Seele, die sich entwickeln will, die lernen will, die besser werden möchte, die Weisheit und Erfahrung sammeln möchte, eine Seele, der es nicht wichtig ist, wie lange Sie auf dieser Welt leben, denn Sie hatten bereits viele Leben. Sie sind eine Seele, der das Lernen über alles geht, ohne Rücksicht auf kleinere Verluste. Denn wenn Sie morgen nicht mehr auf dieser Erde weilen, dann ändert sich nichts an Ihrer bisherigen Entwicklung. Dann sind Sie zwar kein Mensch mehr, aber immer noch eine Seele, die bereits seit langer Zeit an sich arbeitet, die immer wieder geboren wird, lebt und am Ende eines Lebens stirbt.

Nun betrachten Sie einen Augenblick Ihr bisheriges Leben. Betrachten Sie es aus dieser Perspektive heraus, und überlegen Sie, was sich bisher alles in Ihrem Leben ergeben hat. Der Ärger, den Sie hatten, hat er Sie geformt? Hat er Ihnen bei der Weiterentwicklung geholfen? Die Menschen, die in Ihrem Leben waren, haben Sie von ihnen etwas gelernt? Haben Sie sich durch diese Erfahrungen verändert? Was waren die schlimmsten Dinge, die in Ihrem Leben geschehen sind? Haben Sie dadurch andere Schritte getan? Sind Sie dadurch ein anderer Mensch geworden? Haben diese Dinge Sie geprägt und für immer verwandelt?

Betrachten Sie alle Begebenheiten nicht aus der Sicht eines sterblichen Menschen, sondern aus der Sicht einer unsterblichen Seele heraus, aus der Sicht einer Seele, die sich nur entwickeln will, die sich weder körperlich verletzen noch sterben kann wie wir Menschen.

Wären Sie heute so, wie Sie sind, wenn all dies nicht geschehen wäre? Wenn Sie das Leid und den Schmerz niemals erfahren hätten? Die Trauer und den Verlust nicht gekannt hätten? Wie sehr haben Sie diese Dinge verändert, diese Katastrophen, diese Schicksalsschläge? Sie haben Sie geformt und geprägt. Sie haben Sie zu dem gemacht, was Sie heute sind. Sie haben Sie in einen wundervollen Menschen verwandelt und in eine besondere Seele, in eine Seele auf ihrem besten Weg.

Tief in Ihrem Inneren wissen Sie, dass es so ist, dass Sie eine sich entwickelnde Seele auf ihrem ganz eigenen Weg sind. Sie wissen, dass Sie nicht nur ein Mensch sind, sondern viel mehr Seele, als Sie jemals Mensch sein können.

Sie wissen, dass Sie immer schon Seele waren, Seele sind und dies auch bis in alle Ewigkeit sein werden.

Wenn Sie das nicht anerkennen wollen, dann belügen Sie nur sich selbst. Dann belügen Sie Ihren inneren Kern, Ihre eigene Essenz. Ihre Seele können Sie nicht belügen, denn sie weiß, dass es so ist. Genau so, wie Sie es wissen und wie jeder Mensch auf Erden es fühlt, tief in seinem Inneren, tief in seinem Seelenkern.

Wir sind alle hier, um zu lernen. Wir sind alle hier, um uns zu entwickeln. Wir sind hier, um fortgeschrittenere Seelen zu werden und damit auch bessere Menschen.

Das ist unser aller gemeinsames Ziel. Ansonsten haben wir nichts gemeinsam. Jeder Mensch hat seinen eigenen Weg. Jeder hat sein eigenes Ziel. Jeder hat sein eigenes Leben mit all seinen Höhen und Tiefen. Kein Leben ist besser, kein Leben ist einfacher als ein anderes. Das Leben ist so, wie es ist und wie es für uns sein muss. Ihrer Seele ist es völlig »egal«, wie viel Schmerz Sie als Mensch ertragen müssen. Sie sollen sich einfach nur entwickeln. Dies können Sie mit oder ohne Schmerz tun. Dies können Sie mit oder ohne Leid tun. Nur entwickeln müssen Sie sich bis ans Ende Ihrer Zeit.

Das Ziel eines jeden Lebens ist einzig die seelische Entwicklung – nicht mehr und nicht weniger.

Lieben Sie Ihr Leben, und leben Sie es. Schauen Sie nicht immer nur zurück. Sehen Sie nach vorne, und wissen Sie, dass Sie alles schaffen können. Denn Sie sind etwas Wundervolles. Sie sind ein Geschenk des Himmels. Sie sind eine wunderbare Seele.

Sie können nicht erwarten, dass Ihr Leben immer nur schön ist, denn es gibt nicht nur Schönheit auf der Welt. Sie können nicht erwarten, dass Sie immer nur Glück haben, denn es gibt nicht nur Freude auf der Welt. Sie können nicht immer nur auf der Sonnenseite des Lebens stehen, denn wo Sonne ist, da ist auch Schatten, und wo der Mensch ist, da ist auch Schmerz.

Die Seele wächst nicht im Bilderbuchleben, denn sie vergisst dabei, was wahrhaftiges Leben ist.

Das Leben lebt, wie alles in unserer Welt, von Veränderung. So, wie die Sonne den Mond ablöst, wie das Licht die Dunkelheit, das Wasser die Trockenheit und die Liebe den Hass, so löst der Tod das menschliche Leben ab und die Geburt das reine Seelendasein. Das Leben ist ein unendlicher Kreislauf, eine ewige Herausforderung und eine große Aufgabe. Sie sind hier, weil Sie es so wollten. Sie machen diese Erfahrungen, weil es ihrer Entwicklung dient und Sie damit einverstanden waren. Denn nichts geschieht ohne Grund, nichts geschieht ohne dass es Teil unseres Lebens wäre. Alles, was uns im Leben widerfährt, ist Teil unserer Bestimmung und wurde bereits lange vor unserer Geburt als Möglichkeit beschrieben. Alles, was Ihnen widerfährt, ist Teil Ihres Seelenplans. Es ist Teil Ihrer Energie, Teil Ihrer Seele.

Jeder Todesfall, den Sie erleben, dient Ihrem Seelenleben.

Jede Seele, die Sie vorzeitig verlässt, hilft Ihnen bei Ihrer Entwicklung. Sie hilft Ihnen, der Mensch zu werden, der Sie sein sollen.

Jede Seele, die ins Jenseits geht, ist ein spiritueller Entwicklungshelfer, auch wenn sie im vorangegangenen Leben vieles falsch gemacht hat. Wenn sie ihr Leben opfert, indem sie vor ihrer Zeit stirbt, dann dient sie Ihnen in einer Art und Weise, wie kein lebender Mensch Ihnen je zu dienen vermag. Sie hilft Ihnen, durch die Erfahrung des Todes zu erkennen, was das Leben bedeutet.

Seelen, die ins Jenseits gehen, sind die wichtigsten Helfer für die spirituelle und seelische Entwicklung auf Erden.

Trauerarbeit – vom Todesfall zurück ins Leben

Je tiefer die Liebe war,
desto mehr Trauer erleben wir.

Trauerarbeit ist ein enorm wichtiger Prozess, um den Verlust eines Menschen verarbeiten zu können. Niemand sollte versuchen, diesen Prozess zu umgehen, denn dies würde lediglich eine Unterdrückung seiner Gefühle bedeuten.

In manchen Regionen der Welt gehen die Menschen anders mit dem Tod um als wir hier in Europa. Beispielsweise wird ein Fest gefeiert während der Verbrennungszeremonie. In anderen Regionen wird fröhliche Musik gespielt, während der Tote zu Grabe getragen wird. Doch bei uns wird nur der Verlust ausgelebt, bei uns bedeutet der Tod Traurigkeit – unendliche, tiefe Traurigkeit. Es hat sicherlich seine Vorteile, wenn der Tod auch als etwas Positives angesehen werden kann, wie es zum Beispiel die Buddhisten tun. Aber wir wurden anders erzogen, und daher sollten wir auch nicht versuchen, unsere Traurigkeit zu unterdrücken.

Trauer bedeutet Reinigung der Seele.

Wir brauchen die Trauer, um den Verlust verarbeiten zu können, um uns begreiflich zu machen, wie viel wir verloren haben, wie sehr wir den Menschen geliebt haben. Wir dürfen diesen Schmerz nicht unterdrücken, denn er kommt aus der Tiefe unseres Seins. Er kommt aus Bereichen, die wir nicht steuern können. Er kommt aus unserer Seele.

Trauer ist der tiefe Schmerz der Seele.

Wir dürfen und können diesen seelischen Schmerz nicht unterdrücken, dieses Gefühl, den Boden unter den Füßen zu verlieren, wenn unsere Welt, die wir gekannt haben, für immer eine andere ist, wenn ein Teil, der uns wichtig war – ein Mensch, den wir liebten – für immer für uns verloren ist. Wir sind diesem tiefen Schmerz des Verlustes hilflos ausgeliefert.

Eine Unterdrückung der Trauer sorgt für eine Verschiebung der Gefühle ins Unterbewusstsein, sodass wir uns später mit dem Schmerz befassen müssen. Gesunde Trauerarbeit hingegen sorgt für Aufarbeitung und Lösung.

Trauer ist wichtig und notwendig, denn sie ist auch ein Teil unseres Entwicklungsprozesses. Es gibt dabei sicherlich nicht nur einen Weg der Trauer, denn Menschen sind sehr unterschiedlich. Manche Angehörige brauchen es beispielsweise für eine bessere Verarbeitung, den toten Körper noch einmal zu sehen, selbst wenn er Verletzungen aufweist. Sie möchten die blutige Kleidung des Verstorbenen in den Händen halten und jede Einzelheit zum Geschehen wissen. Sie brauchen das, auch wenn es sie innerlich sehr schmerzt. Aber nur so können sie verstehen, was genau geschehen ist. Nur so können sie den Tod begreifen und verarbeiten.

Andere wiederum wollen dies alles auf keinen Fall, denn sie möchten den Toten so in Erinnerung behalten, wie er zu Lebzeiten ausgesehen hat. Diesen Menschen reicht es, zu wissen, dass der Angehörige tot ist. Sie möchten auch nur die gröberen Umstände des Todes erfahren. Die Details des Todes sind ihnen zu schmerzlich.

Beides ist in Ordnung und richtig. Wichtig ist, dass jeder Mensch hier seinen eigenen Bedürfnissen nachgeht, damit er den Tod begreifen und verstehen kann. Denn dies ist der wichtigste Teil bei der Trauerarbeit: das Begreifen und Verstehen. Nur dadurch kann der Angehörige irgendwann einen gewissen Schlussstrich ziehen und wieder zu einem eigenen normalen Leben zurückfinden. Am schlimmsten ist es für Angehörige, wenn die Person vermisst wird und niemand etwas über ihr Schicksal weiß. Denn in diesem Fall malen sich die Angehörigen oft zahlreiche verschiedene Szenarien aus, um Erklärungen zu finden, was geschehen sein könnte und wo die vermisste Person ist. Manchmal ist die Nachricht, dass die betroffene Person gestorben ist, eine Erlösung für Angehörige, selbst wenn sie dann nicht mehr hoffen können, dass sie noch lebt und eines Tages gefunden wird. Aber die ewige Ungewissheit ist fast schlimmer als der Tod selbst, und mit jedem Tag, der vergeht, sinkt auch die Hoffnung auf ein Wiedersehen.

Trauer ist ein langsamer Prozess. Er lässt sich weder beschleunigen noch abkürzen. Am besten lässt man ihn einfach zu und geschehen.

Der typische Verlauf der Trauerphasen ist folgendermaßen: Zuerst kommt die Fassungslosigkeit. Wir wollen es gar nicht glauben, dass der Mensch nicht mehr lebt. Wir wehren uns mit aller Macht dagegen. Danach kommt die Zeit der Starre. Die Zeit scheint stillzustehen, und wir Angehörigen leben wie in einem Nebel, aus dem wir uns nicht befreien können. Es ist eine Zeit des reinen Funktionierens. Alles fällt schwer, wir müssen uns selbst dazu überwinden, die kleinsten Dinge zu erledigen. In diese Zeit fallen auch die Behördengänge und die Beerdigung, die wenigstens für eine Aufgabe sorgen. Wir als Trauernde arbeiten lediglich die Liste der Notwendigkeiten ab, zu mehr sind wir in dieser Phase nicht in der Lage. Ansonsten fällt es uns zu dieser Zeit unheimlich schwer, weiterzuleben. Es ist, als ob ein Teil unseres eigenen Selbst mit dem Verstorbenen für immer verloren wäre. Wir fühlen uns nicht mehr ganz. Wir sind nur noch ein halber Mensch und glauben nicht, jemals allein weiterleben zu können. Anschließend folgt meist die Phase des Verstehens und des Realisierens. So langsam begreifen wir, was es wirklich bedeutet, den Menschen verloren zu haben, welche Folgen der Verlust hat, was sich alles in unserem Leben verändert hat und noch verändern wird. Wir beginnen, den Tod als Tatsache zu realisieren. Viele Fragen kommen auf: Warum ist das geschehen? Warum ist die Person für immer gegangen? Geht es ihr gut? Wo ist sie jetzt? Hat sie gelitten? Warum müssen gerade wir dieses Schicksal tragen?

In der Folgezeit sind wir in Gedanken mehr bei dem Toten als bei den Lebenden. Wir integrieren den Verstorbenen nun in unser eigenes Leben. Ständig denken wir darüber nach, was er nun sagen würde, was er jetzt normalerweise tun würde. Wir nehmen denjenigen mit durchs eigene Leben. An unseren und seinen Geburtstagen denken wir über seine Abwesenheit nach, genauso wie an Weihnachten und an anderen Gelegenheiten. An den Geburtstagen des Toten sowie an seinen Todestagen denken wir besonders viel an ihn. Es kann auch manchmal Jahre so gehen, dass wir nur »mit« dem Toten leben können. Allerdings müssen wir uns dann auch wieder von ihm lösen. Denn der Tote braucht seine Freiheit im Jenseits, und da ist es nicht gut, wenn wir Hinterbliebenen ihn zu lange binden. Und wir selbst müssen auch unser Leben weiter gestalten, ohne die betroffene Person. Wir können sie nicht zurückholen, sondern müssen lernen, den Tod zu akzeptieren. Unsere Aufgabe hier auf Erden ist es, weiterzuleben, und nicht, uns an den Tod zu binden. Wir sind immer noch hier, weil wir noch Aufgaben zu erledigen haben. Wir dürfen uns daher durch einen Todesfall nicht zu sehr vom Leben abschneiden. Dies ist nicht gesund und hilft weder dem Verstorbenen noch uns.

Trauer – Verarbeitung – Lösung:
Das ist der richtige Weg.

Schließlich steht jede Seele nur für sich und sollte sich nicht zu sehr von anderen abhängig machen. Wir brauchen alle Familie und Freunde, aber wir dürfen uns nicht nur an eine Person binden. Wer gegangen ist, ist gegangen. Daran wird unsere Trauer niemals etwas ändern. Wir können nur in liebevoller Erinnerung an den Verstorbenen zurückdenken. Doch die Erde dreht sich weiter. Wir atmen weiter unsere Luft. Unser Herz schlägt weiter in seinem Rhythmus. Wir sind immer noch da.

**Wir leben und müssen weitergehen,
bis auch wir eines Tages sterben.**

Es gibt außerdem auch noch andere Menschen, die noch leben und uns lieben. Es gibt andere Menschen, die uns brauchen und für die wir wichtig sind. Wir dürfen niemals unser Leben für ein anderes verlieren. Denn jedes Leben ist kostbar und wichtig, nicht nur das eine, welches wir verloren haben. Wir haben die Pflicht, unser Augenmerk auch auf die Menschen zu legen, die noch leben, und dürfen nicht nur ein Leben lang den Toten nachtrauern.

**Der Schmerz um den Verstorbenen
wird nie ganz vergehen.
Er wird nur mit der Zeit leichter zu ertragen.**

So schwer es uns fallen mag, aber solange wir leben, müssen wir den Tod als integralen Bestandteil des Lebens sehen. Manchmal geschieht er ganz nahe und manchmal weiter von uns entfernt. Doch wir Menschen haben die moralische Pflicht, trotz eines

Trauerfalls weiterzuleben. Wir dürfen das Leben nicht verweigern. Ganz im Gegenteil: Der Tod eines Mitmenschen ist dazu da, uns die Augen zu öffnen für das Geschenk des Lebens.

Der Tod dient dazu, uns die Kostbarkeit des Lebens vor Augen zu führen.

Unser aller Leben ist kostbar und wichtig. Wir alle haben unsere Lebensberechtigung, sonst wären wir nicht hier auf dieser Welt. Wir müssen lernen, unser Leben mit allen seinen Höhen und Tiefen anzunehmen. Wir müssen lernen zu lachen, auch wenn uns manchmal eher zum Weinen zumute ist. Wir müssen leben, wo andere sterben. Das ist unsere Aufgabe, das ist unser Weg.

Trauer ist gut und richtig, doch das Leben geht weiter, und auch wir müssen unseren Weg weitergehen. Wir dürfen nicht ein Leben lang in der Starre des Todesfalls verharren. Dies ist weder der Wunsch desjenigen, der gegangen ist, noch bringt es uns näher zu ihm. Im Herzen und in unserer Seele wird der Tote ein Leben lang bei uns sein. Er ist bei uns, und wir sind bei ihm. Niemand kann diese Verbindung trennen, wenn wir es nicht wollen. Diese Verbindung nennt man Energie der Liebe. Sie ist dauerhafter als das Leben und auch dauerhafter als der Tod. Sie ist eine Verbindung bis in alle Ewigkeit.

Die Liebe von uns Menschen übersteht den Tod. Wir sind mit allen, die wir lieben, bis in alle Ewigkeit durch die Energie der Liebe verbunden.

Das ist Liebe, das ist Göttlichkeit. Ein Mensch stirbt nicht durch den Tod, sondern lebt fort in den Herzen der Menschen, die ihn zu Lebzeiten kannten. Er lebt fort in den Herzen der Menschen, die ihn liebten. Wir Menschen sind unsterblich durch unsere Seelen verbunden – mit allem, was ist.

Eine Seele lebt nicht, sie ist einfach.
Sie ist überall und nirgendwo.
Durch unsere Seelen sind wir unsterblich.

Wenn der Tod uns überrennt

Es gibt Schicksale,
die wünscht man niemanden,
und dennoch ist es zum Besten,
wenn sie geschehen.

Manche Menschen scheinen vom Schicksal gebeutelt zu werden. Ihr Leben ist scheinbar in Ordnung, und auf einmal geschieht ein Schicksalsschlag nach dem anderen. Einem Todesfall in ihrem Umfeld folgt der nächste, sodass sie sich kaum davon erholen können. Bevor sie das eine Ereignis auch nur ansatzweise verarbeiten können, geschieht etwas ebenso Schlimmes oder etwas noch Schlimmeres.

Wenn uns solche Schicksalsketten widerfahren, können wir kaum Atem holen. Wir bekommen das Gefühl, dass das Leben uns demütigen und in die Knie zwingen möchte. Vielleicht ist es auch so, dass wir als Menschen in die Knie gehen müssen, um dann wieder neu aufstehen zu können, dass wir ganz nach unten, zu unserem eigenen Ursprung, zurückkehren müssen, um als neuer Mensch – als befreite Seele – während des einen Lebens wiedergeboren werden zu können.

Schicksalsketten sind große Herausforderungen, an denen wir leicht zerbrechen, aber auch enorm wachsen können.

Eine Folge von Schicksalsschlägen sorgt dafür, dass wir erst einmal sämtliches Vertrauen in das Leben an sich verlieren. Sie demonstriert uns unsere menschliche Machtlosigkeit, unser Unvermögen, alles beeinflussen zu können. Sie verlangt uns alles ab – alle Kraft, alle Stärke, alle Energie und auch den Mut zum Weiterleben.

Doch gleichzeitig wird uns dadurch gezeigt, wie wichtig wir selbst sind und wie sehr das Leben sich um uns bemüht. Alles, was uns wichtig war, ist weg. Und dennoch ist das Leben tief in uns. Das Leben trägt uns durch die Schicksalsschläge. Wir müssen nur den Kopf oben behalten, dann trägt uns das Schicksal durch das tosende Wasser eines reißenden Flusses. In solchen Situationen ist es sicher nicht leicht, den Kopf oben zu behalten, doch genau das ist die Kunst, die jeder Mensch erlernen muss.

Wenn Sie hinfallen, stehen Sie wieder auf. Wenn Sie nicht mehr können, dann machen Sie einfach weiter, denn Sie sind viel stärker, als Sie meinen.

Kein Schicksal ist zu hart, sonst würde es nicht geschehen. Dennoch wirft uns manchmal um, was das Leben für uns vorgesehen hat.

Wenn innerhalb eines Augenblicks fast eine gesamte Familie durch den Tod genommen wird, dann darf das übrig gebliebene Familienmitglied den Tod nicht als Strafe ansehen. Denn der Überlebende hat nun eine wichtige Aufgabe zu erfüllen: Er muss weiterleben. Er hat die Pflicht, sein Leben fortzuführen, auch ohne seine Familie. Wäre es anders, dann wäre auch er selbst dem Tod zum Opfer gefallen.

Alle, die jemals von uns gegangen sind, wollen, dass wir weiterleben. Unser Zeitpunkt ist noch nicht gekommen. Daher sind wir noch hier auf dieser Erde. Wir können uns sicher sein, dass der Tod uns rechtzeitig holen wird, eines Tages, wann auch immer dieser Zeitpunkt sein wird. Doch im Moment ist unsere Zeit noch nicht gekommen, daher haben wir die Pflicht und das Recht, weiterzuleben. Alles, was wir schaffen, alles, was wir durchstehen, trägt zu unserer Entwicklung bei. Es sorgt für unser Fortkommen, es sorgt für unser Seelenwachstum.

Alles, was uns nicht umbringt, macht unsere Seele stark.

Schicksalsschläge sind nicht dazu da, uns kaputtzumachen. Sie dienen uns persönlich. Sie dienen uns auf eine Weise, die wir oft nur schwer verstehen können.

Schicksalsschläge sind Scheidewege in unserem Leben.

Wir können sie als Chance ansehen, einen besseren Weg in unserem weiteren Leben zu gehen. Aber wir können auch in die falsche Richtung gehen oder uns zurück ins Einfache flüchten. Die Menschen, die uns diese Schicksalsschläge »angetan« haben, weil sie uns durch den Tod für immer verlassen haben, haben dies nicht getan, um uns zu schaden, sondern um uns zu helfen. Sie dienen damit unserem Seelenheil, auch wenn es uns momentan den Boden unter den Füßen wegzieht. Sie wollen uns mit ihrem Tod nicht wehtun, uns strafen oder uns Schmerz zufügen. Aber der Zeitpunkt ihres Todes war gekommen, und daher mussten sie gehen. Dort, wo die Toten nun sind, sehen sie das Leben als etwas anderes an als wir Lebenden. Sie sehen das Leben als Wandlungsprozess und Seelenaufgabe. Dabei gibt es keinen Schmerz, kein Leid und keinen Tod. Es gibt nur die Seele und das Leben.

Wenn es eine Folge an Todesfällen im Umkreis eines Menschen gibt, dann fällt derjenige leicht in einen sogenannten Trauerschockzustand. Mit jedem Tod sinkt er scheinbar tiefer in ein Loch aus Schmerz und Leid. Es kommt zu einer Art Angststarre, in der der Betroffene versucht, sich so wenig wie möglich zu bewegen – im übertragenen Sinn. Ständig ist ihm die Angst in die

Augen geschrieben: Was kann noch geschehen? Alles Vertrauen in das Leben ist nach so einer Schicksalskette verloren. Der Betroffene muss alles, was ihm sicher erschien, aus seinem Leben streichen. Er kommt in einen Zustand, in dem er sich auf nichts mehr verlassen kann. Nur der Tod scheint in diesem Moment verlässlich, aber nicht das Leben selbst.

Todesketten sorgen für einen Vertrauensverlust in das bisherige Leben.

Der Mensch lernt durch einen solchen Zustand, dass sein Leben, wie es bisher verlief, keinerlei Bestand hat, dass sein Leben jederzeit vorbei sein kann. Durch eine derartige Schicksalskette ist der Mensch gezwungen, sich im Leben völlig neu zu orientieren. Er wird quasi neu geboren und hat die Chance, ganz von vorne zu beginnen. Er hat allerdings nicht nur die Chance, sondern er ist auch dazu gezwungen, denn wenn er versucht, an seinem alten Leben festzuhalten, wird seine Seele dabei untergehen. Er *muss* sich in einer solchen Situation neu orientieren, denn andernfalls wird er an den Schicksalsschlägen zerbrechen.

Lässt er sich jedoch auf eine Umgestaltung seines Lebens ein, wird er davon enorm profitieren können. Er hat durch die Schicksalsschläge die Möglichkeit, eine vom Leben befreite Seele zu werden. Auch die Angst vor dem Tod kann durch eine Kette solcher Ereignisse verloren gehen. Schließlich warten im Jenseits viele Menschen auf ihn, die er liebt. Wichtig ist jedoch, das Leben nicht wegzuwerfen. Hätte dies sein sollen, dann wäre der Betroffene mit den geliebten Menschen gestorben.

Schicksalsketten lösen die Seele vom Klammern ans Leben und nehmen die Angst vor dem Tod. Sie dienen aber nicht dem eigenen Sterben, sondern vielmehr dem eigenen Leben.

Schicksalsschläge sind immer hart. Geschehen mehrere auf einmal, sind sie eine besondere Lebensherausforderung, wobei die Betonung auf Leben liegt, nicht auf dem Tod. Der Mensch sollte niemals entscheiden, wann das Leben zu Ende sein soll. Dies ist die Aufgabe der eigenen Seele.

Menschen, die leben sollen, leben. Der Tod kommt, wenn er kommen soll, ganz von allein.

Alle Menschen, die vor uns von dieser Welt gegangen sind, sind immer noch mit uns vereint. Sie sind ein Teil von uns, den uns niemand nehmen kann. Sie sind in uns, sie sind um uns herum, sie sind ein Seelenteil unseres Lebens. Lassen Sie sie alle in Frieden gehen. Halten Sie sie nicht fest, sondern bleiben Sie in Liebe und Frieden mit ihnen verbunden, bis Sie sie eines Tages wiedersehen.

Der Tod dient nur dem Leben.

Der natürliche Tod auf Wunsch

Manche Menschen besiegen das Leben, indem sie beschließen, zu einem bestimmten Zeitpunkt einfach zu sterben.

Es gibt Menschen, die sich entscheiden, ganz einfach und natürlich zu sterben. Ich meine hier nicht die Menschen, die durch Selbstmord aus dem Leben scheiden. Ich spreche von Menschen, die sich entschließen, eines natürlichen, aber willentlichen Todes zu sterben.

Diese Art des Sterbens kommt nicht oft vor, denn wenn es so einfach wäre, auf diese Weise zu sterben, dann gäbe es keine Selbstmörder. Doch es gibt Menschen, die beschließen aus einem bestimmten Grund, zu sterben, und dies tun sie dann auch, einfach so. Meine Urgroßmutter war so ein Mensch. Sie wollte irgendwann einfach nicht mehr länger leben. Sie beschloss, zu sterben, und das tat sie dann auch, nachdem sie das mehrfach kommuniziert hatte. Eines Tages ging sie ins Bett, las einen Liebesroman und schlief dabei für immer ein. Einen besseren Tod kann man sich kaum wünschen.

Nun war meine Urgroßmutter damals bereits in einem Alter, in dem man mit dem Tod rechnen musste. Aber es gibt auch andere Fälle.

Ein Mann hatte seine Frau einige Monate zuvor verloren. Er wollte nicht ohne seine Frau weiterleben. Daher beschloss er wohl, zu sterben. Eines Tages putzte er das ganze Haus, legte alle wichtigen Unterlagen für seine Erben bereit und besuchte dann das Grab seiner Frau. Während er auf dem Friedhof neben dem Grab seiner geliebten Frau saß, verließ er unsere Welt. Andere Friedhofsbesucher riefen den Notarzt, doch der Mann war bereits zu seiner Frau ins Jenseits gewechselt. Er hatte bewusst beschlossen, zu seiner Frau zu gehen, und genau dies hat er auch getan.

Eine Frau Mitte 60 hatte eine Tochter, die seit Jahren gegen einen bösartigen Krebs ankämpfte. Die Mutter äußerte immer und immer wieder, dass sie niemals nach ihrer Tochter sterben möchte. Zu diesem Zeitpunkt war die Mutter scheinbar kerngesund. Als ihre Tochter einen Rückfall ihrer Krankheit erlitt, und der Kampf gegen den Krebs verloren schien, bekam die Mutter plötzlich Schmerzen unklarer Ursache. Bei einer Untersuchung stellte sich heraus, dass die Mutter ebenfalls an Krebs erkrankt war. Nur eine radikale Operation hätte ihr noch helfen können, denn der Krebs hatte sich im letzten halben Jahr bereits stark in ihrem Körper ausgebreitet. Sechs Monate zuvor waren bei einer Untersuchung noch keinerlei Anzeichen für eine Krebserkrankung gefunden worden. Die Mutter ging ins Krankenhaus, ließ sich operieren und verbrachte eine ganze Woche auf der Intensivstation. In der ersten Nacht, die sie wieder auf der normalen Station verbrachte, ohne die intensive Kreislaufüberwachung, bekam sie einen Herzinfarkt und verstarb. Morgens lag sie tot im Bett.

Im darauffolgenden Jahr starb ihre Tochter an dem Krebsleiden. Die Mutter hatte ihren Wunsch wahr gemacht: »Ich möchte niemals nach meiner Tochter sterben.«

Es gelingt nicht immer, den Tod so zu beeinflussen, aber dennoch kommt es immer wieder vor. Die Seele ist der Herrscher über unseren Körper, und wenn die Seele all ihre Macht einsetzt, kann sie manchmal den Körper überlisten. Dann scheint sie die Kontrolle übernehmen zu können. Doch dies gelingt in der Regel lediglich Menschen, die einen besonders wichtigen Grund haben. Nur in einem solchen Fall scheint der Mensch den Zeitpunkt seines natürlichen Todes beeinflussen zu können.

Die Seele eines Menschen kann in Ausnahmefällen über den Körper entscheiden und damit auch über dessen Tod.

Der Tod als Möglichkeit seelischer Entwicklung

Der Tod als Entwicklungshelfer

Der Tod verändert alles Leben.

Jeder Todesfall sorgt für eine radikale Änderung. Er sorgt für Entwicklung, wie kein anderer Umstand auf der Welt. Er zwingt quasi die Veränderung herbei. Dies liegt allein an der Tatsache, dass der Tod unveränderlich ist, dass es keine Möglichkeit gibt, ihn ungeschehen zu machen. Wenn jemand gestorben ist, dann ist er dies für alle Zeit. Alle anderen Umstände im Leben können wir Menschen ändern. Wir können damit hadern, wir können uns dagegen auflehnen und aufbegehren. Aber wir können auch aus allen anderen Umständen wieder herausfinden. Wir können uns aus allen Umständen herauslösen, wenn wir nur fest genug an uns arbeiten.

Doch der Tod ist unabänderlich. Wenn er geschehen ist, dann ist er für alle Zeit geschehen. Kein Gedanke, kein Wort, keine Tat ist in der Lage, den Tod ungeschehen zu machen.

Nichts im Leben ist so endgültig wie der Tod. Er ist ein unumstößliches Gesetz des Lebens.

Wenn der Tod in unserer unmittelbaren Umgebung geschieht, dann ist unser Leben für immer verändert. Der Mensch, den wir geliebt haben, ist tot und für immer von uns gegangen. Nie wieder können wir sein Lachen sehen, nie wieder mit ihm streiten. Nie wieder können wir tief in seine Augen sehen, nie wieder seine Haut liebevoll berühren. Der Mensch, den wir liebten, ist für immer weg. Niemals mehr können wir ihm sagen, was wir ihm noch sagen wollten. Nie wieder können wir ihm unsere Liebe gestehen, nicht unsere Wut oder unseren Frust, denn er ist einfach nicht mehr da.

Durch den Tod werden wir der Möglichkeit zur Änderung der Vergangenheit beraubt.

So viele Menschen blicken traurig auf den Sarg und denken sich: »Wenn ich noch einmal die Möglichkeit hätte, dann würde ich alles ändern. Ich würde dir noch so gerne einiges sagen. Hätte ich doch mehr Zeit mit dir verbracht. Hätte ich doch nicht zuletzt mit dir gestritten. Hätte ich doch irgendwann die Fehler unserer gemeinsamen Vergangenheit für immer aus der Welt geschafft.«

Nun bleiben sie allein zurück, und die vielen Chancen und Möglichkeiten sind für immer vorbei. Sie müssen damit allein weiterleben.

Der Tod bringt immer die Vergangenheit ans Licht.

Durch den Tod eines geliebten Menschen bohren wir in der gemeinsamen Vergangenheit. Oft finden wir viel Schönes, aber auch Dinge, die nicht so gut gelaufen sind. Denn jeder Mensch hat seine guten und schlechten Zeiten hinter sich. Jeder hat seine versteckten Probleme, die er selbst nicht sehen wollte, die er nicht leben wollte. Doch durch den Tod eines Menschen öffnen sich plötzlich Schubladen und Türen und lassen die ungelösten Probleme wieder ans Tageslicht. Sie kommen nun wieder in unser Bewusstsein und schieben sich mit einer Vehemenz hinauf, der sich keiner von uns langfristig widersetzen kann.

Der Tod macht immer ehrlich.

Auch wenn ein Mensch sein ganzes Leben lang lügt – sobald der Tod in seinem Bewusstsein ist, bleibt ihm nichts als die reine, nackte Wahrheit. Mit jedem Todesfall, der Sie persönlich trifft, nähern Sie sich immer mehr der Wahrheit. Sie können sich ihr nicht mehr entziehen. Sie können sie nicht länger verleugnen, denn der Tod hat Sie beraubt: Er hat Ihnen ein geliebtes Wesen für immer genommen.

Wie viele Menschen leben mit Lebenslügen? Sie haben sich das Lügengebäude über Jahre zurechtgezimmert und verletzen dadurch viele Menschen, die sie trotz allem lieben. Oft gelingt es ihnen jahrelang, ihre Geheimnisse vor der halben Welt zu bewahren, doch der Tod bringt dann ihren Verrat ans Licht. Auch wenn die anderen niemals von dem Verrat erfahren, frisst das eigene Wissen darum sich tief in die eigene Seele hinein. Nun ist es zu spät, die Lügen aufzudecken. Nun scheint es für immer vor aller Welt verborgen. Doch sie selbst können es nun sich selbst gegenüber nicht mehr verleugnen. Sie selbst wissen es, und die gegangene Seele weiß es ebenfalls. Zu Lebzeiten konnten diese Menschen andere vielleicht belügen, doch nun ist dies für immer vorbei. Nun ist dies für immer ihre Schuld.

Der Tod verändert jeden, der den Toten näher kannte. Denn er betrifft uns. Schließlich ist jemand gestorben, der uns wichtig war, jemand, den wir liebten und schätzten. Der Tod hat ihn für immer aus unserem Leben gestohlen, und daher wird in unserer Mitte auch immer eine Lücke sein. Kein anderer Mensch wird diese Lücke jemals wieder richtig füllen können. Doch das muss auch nicht sein. Der Platz des Toten wird für immer mit seinem Schatten gefüllt sein. Er wird für immer bei uns sein, wenn auch nicht als Mensch, so als Seele und Energie seiner selbst. Dennoch tut der Verlust für immer weh.

Der Tod sorgt für eine Änderung des eigenen Weltbildes.

Viele von uns beginnen erst, sich die Frage nach dem Sinn des Lebens zu stellen, wenn jemand verstorben ist, der ihnen wichtig war. Durch einen Todesfall fangen wir an, tiefer zu blicken und geben unser oberflächliches Dasein auf. Wir nehmen den Tod als Anlass, über uns selbst nachzudenken, denn uns wird bewusst, dass auch wir nicht ewig leben werden. Wir denken darüber nach, ob wir selbst unser bisheriges Leben weise genutzt haben. Wir grübeln darüber nach, ob wir selbst all die Dinge getan haben, die uns wichtig sind oder waren. Wir fragen uns, ob unser eigenes Leben erfüllt gewesen wäre, wenn es nun zu Ende ginge. Oder haben wir unser eigenes Leben bisher zu wenig genutzt? Durch einen Todesfall im eigenen Umkreis stellen wir uns die Frage, was im Leben wirklich wesentlich ist. Wir überlegen, was wir wirklich vom Leben erwarten, was uns wichtig ist. Wir denken über die Menschen nach, die um uns herum sind, und über die, die uns verlassen haben.

Für den perfekten Grillabend – ganz VEGAN!
Egal, ob Grillen auf dem Balkon oder Picknick am See:
Diese Leckereien werden Sie und Ihre Gäste begeistern!
Roland Rauter
einfach vegan
draußen kochen
VON GRILLEN BIS PICKNICK
Mehr als 100 Rezepte!
• Artischocken mit Wasabimayonnaise
• Auberginenburger
• Gegrillte Mango
• Kürbisspieß im Wrap
• Rustikaler Pizzafladen
• Spinattaschen
• Soßen, Dips, Marinaden, Grillbutter
u.v.m.
Roland Rauter
einfach vegan – Draußen kochen – Von Grillen bis Picknick
232 Seiten, Paperback, farbig, mit zahlr. Abb.
ISBN 978-3-8434-1105-9
(D) € 19,95 • (A) € 20,60
Sofort bestellen! Tel. 06151-39183128
www.schirner.com
Schirner Verlag

Alle Angaben werden vertraulich behandelt.
* Der Newsletter kann jederzeit abbestellt werden.

Name/Vorname: ______________________

Straße: ______________________

PLZ, Ort: ______________________

Telefon: ______________________

E-Mail: ______________________

Geburtsdatum: ______________________

Bitte senden Sie mir:

- ☐ weitere Informationen aus dem Schirner Verlag
- ☐ den Schirner Newsletter (nur als E-Mail*)
- ☐ das SPIRIT live & Schirner Magazin

Diese Karte entnahm ich dem Buch:

____

Würden Sie dieses Buch weiterempfehlen?

____

Vielen Dank!

Das Porto übernehmen wir für Sie!

Antwort

Schirner Verlag
Elisabethenstr. 20 – 22
D-64283 Darmstadt

Durch einen Todesfall machen wir eine Bestandsaufnahme unseres eigenen Lebens.

Im Anschluss können wir die eigenen Vorstellungen nicht mehr ignorieren, denn das alte Leben ist durch den Todesfall aus und vorbei. Wir sind nicht mehr dieselbe Person wie zuvor, und wir wollen sie auch nie mehr sein. Wir haben jemanden verloren, den wir über alles lieben. Daher können wir nie wieder sein wie zuvor. Wir sind durch den Todesfall ein anderer Mensch geworden, ein Mensch, der etwas Wesentliches hergeben musste, ein Mensch, der weiß, was es heißt, zu lieben, ein Mensch, der weiß, was es heißt, zu vermissen, der weiß, was Leben und was Sterben ist. Durch den Tod sind wir ein neuer Mensch geworden, ein Mensch, der verletzlich ist, ein Mensch, der traurig ist, ein Mensch, der sich nicht mehr mit Banalitäten befassen will.

Durch den Tod beschreiten viele Menschen erst den spirituellen Weg.

Zwei unterschiedliche Entwicklungswege

Egal, woran wir sterben,
oder wer wir im Leben waren,
im Tod sind wir alle gleich.

Ja, wir alle entwickeln uns durch den Tod. Wir alle verändern uns durch den Tod. Es gibt dabei zwei verschiedene Wege der Entwicklung. Beide Wege sind sehr unterschiedlich. Es gibt auch keinen besseren und keinen schlechteren Weg. Beide Entwicklungswege führen nur in ganz verschiedene Richtungen. Sie führen an zwei unterschiedliche Ziele.

Entwicklung durch den eigenen Tod

Manche Menschen bewegen sich in ihrem Leben so weit weg von ihrem eigentlichen Lebensweg, dass sie sich in eine vollkommene Sackgasse begeben, aus der kein Weg mehr herausführt. Dies geschieht niemals von heute auf morgen. Ganz im Gegenteil: Solche Lebensverirrungen brauchen Jahre über Jahre des »Falschlebens«. Oft sind es sogar Jahrzehnte, die ein Mensch abseits seiner Bestimmung verbringt.

Diese Menschen haben den Glauben an Glück, Frieden und die Schönheit des Lebens verloren. Sie wissen überhaupt nicht mehr, warum sie hier auf dieser Erde verweilen. Ihr eigentliches Ziel im Leben ist ihnen so weit entrückt, dass sie planlos herumirren und ihr Leben für sie scheinbar keinen Sinn mehr hat.

So ein Leben ist wirklich im wahrsten Sinne des Wortes sinnlos geworden, denn die Seele kam schließlich nicht ohne Grund – in einem neuen Körper – auf diese Welt.

Dies geschieht meist, wenn jahre- oder gar jahrzehntelang Probleme ignoriert und niemals aus der Welt geschafft werden. Die Probleme im Leben haben schließlich auch ihren Sinn: Sie sollen uns Menschen in unserer Aufgabe unterstützen. Doch viele Menschen tun einfach so, als wären sie nicht existent. Diese Menschen sind zwar nicht glücklich und nicht zufrieden mit ihrem eigenen Leben, aber sie verschließen einfach die Augen, anstatt sich den problematischen Situationen – die sie auf den richtigen Weg führen sollen – zu stellen. Jahrelang harren sie in Situationen aus, die sie nicht wollen, die ihnen zum Teil sogar unerträglich erscheinen, und dennoch sind sie nicht dazu in der Lage, die Situationen zum Positiven zu verändern. Die Seele hält vieles aus, doch irgendwann ist auch ihre Geduld am Ende. Irgendwann möchte auch die Seele diesen unerträglichen Zustand beenden.

Wir Menschen dürfen unsere Herausforderungen nicht einfach ignorieren. Wir müssen uns ihnen stellen, Tag für Tag, Stunde für Stunde. Die unschönen Dinge im Leben ändern sich nicht auf Dauer, wenn wir sie nur ignorieren, denn hier ist unser Handeln gefragt.

Unsere eigene Seele beobachtet uns, sie verfolgt unser Denken, unsere Worte und unsere Taten.

Unsere Seele lässt uns viel Zeit, doch sie ist jederzeit präsent. Sie verfolgt unser gesamtes Leben, aus unserer Tiefe, aus unserer eigenen Mitte. Die Seele ist nicht unser Feind, sondern sie ist unser bester Freund im Leben. Die Seele, das sind wir, im Kern, im Mantel und in unserem Denken und Sein.

Die Seelenentwicklung ist der Sinn des Lebens.

Sie bestimmt uns von klein auf und bis zum letzten unserer Atemzüge. Sie gibt den Weg vor. Auch wenn wir Menschen meinen, wir könnten uns dem entziehen, werden wir feststellen müssen, dass die Seele selbst unser Weg ist. Sie ist unser Weg, unser Ziel, unser Motor und unser Dasein. Die Seele – das sind wir.

Wir können uns dagegen auflehnen, wehren und widersprechen, aber wir können nichts an der Tatsache ändern, dass unsere Seele alles ist, was im Leben war, im Leben ist und im Leben je sein wird.

Wenn wir daher den Lebensweg unseres Selbst über lange Zeit verlassen, dann zwingt uns unsere Seele zurück. Sie wartet, sie lauert, und sie verharrt in unserer Tiefe, doch wenn wir den Weg nicht freiwillig gehen, dann werden wir eben von ihr dazu gezwungen. Die Seele bestraft uns damit jedoch nicht. Sie sorgt dafür, dass sie ihr Ziel, ihre Aufgabe und ihre Bestimmung erreicht. Die Seele geht strikt ihren eigenen Weg.

Die Seele geht ihren Weg ohne Rücksicht auf menschliche Verluste.

Der menschliche Körper ist vergänglich, er hat ohnehin keinerlei wirklichen Bestand. Schließlich leben wir alle nur eine bestimmte Zeit auf dieser Erde. Das Einzige, was uns niemand im Leben nehmen kann, ist unsere Seele, unsere seelische Essenz, unsere seelische Entwicklung.

Wir kommen auf diese Welt und gehen von dieser Welt, nur mit unserer Seele als Gepäck.

Alles andere können wir nicht mitnehmen auf die Reise unseres Lebens und auch nicht auf die Reise ins Jenseits. Daher ist alles, was im Leben geschieht, nur einem dienlich: unserem seelischen Wachstum.

Das einzig wahre Ziel im Leben ist unsere Seelenentwicklung.

Haben wir es nicht gelernt, unsere Probleme selbst zu lösen, und sind wir nicht bereit, an unseren Aufgaben zu wachsen, dann werden wir dazu gezwungen. Wenn wir den uns vorgegebenen Weg nicht gehen wollen, dann bringt uns unsere Seele mit all ihrer Macht dorthin. Dann müssen wir den Weg auf die harte Tour gehen. Dann müssen wir Probleme in unserem Leben spüren.

Wenn wir die seelische Arbeit auf Dauer verweigern, wird unser Leben sinnlos, und wir werden krank.

Dann opfert die Seele unseren Körper und auch das eigene »Menschenleben«, um zu ihrem Ziel zu gelangen. Lieber ein kurzes Leben, das seinen Sinn erfüllt, als ein langes, aber sinnloses Leben.

Krebs ist ein Mittel, dessen sich die Seele oftmals bedient, wenn das Leben sinnlos ist. Diese Krankheit kommt von innen und kann auch nur durch das Innen besiegt werden. Ein Mensch, der die Diagnose Krebs erhält, ist immer schockiert. Krebs führt in vielen Fällen zum Tod und in allen Fällen zu einer Wandlung. Menschen, die an Krebs erkrankt sind, müssen massiv an sich selbst arbeiten. Sie müssen ihr Leben komplett ändern. Allein durch die häufigen und schweren Therapien, denen sie sich unterziehen, wandelt sich ihr Leben enorm. Wenn sie tatsächlich den »Absprung« schaffen und den Krebs besiegen, dann müssen sie noch jahrelang bangen, ob sie die Krankheit wirklich dauerhaft überwunden haben, oder der Krebs doch wieder zurückschlägt. Jahrelang sitzt ihnen die Angst im Nacken. Ihr Leben hat sich für immer gewandelt, und wenn nicht, dann kommt der Krebs eines Tages zurück und sorgt für eine Wandlung durch den Tod.

Es gibt auch Menschen, bei denen der Krebs sehr weit fortgeschritten ist, sodass jede medizinische Hilfe nur von kurzer Dauer ist. Der Krebs breitet sich im gesamten Organismus aus und verwandelt den Menschen, der kurz zuvor noch mitten im Leben stand, in ein körperliches Wrack begleitet von Schmerz und menschlichem Leid. Alle Probleme, die während des Lebens nicht angegangen wurden, verblassen am Ende des Lebens. Der Krebs bringt so viel Leid, dass alle Probleme, die bis dahin verspürt wurden, nun keinerlei Bedeutung mehr haben. Streitereien mit anderen Menschen sind sinnlos geworden. Ärger, der in einem brodelte, verpufft im Angesicht der Krankheit, die nun im Körper brodelt.

Im Angesicht des bevorstehenden Todes wird alles andere bedeutungslos. Der menschliche Körper vergeht. Was bleibt, ist die Seele.

Der Tod entwickelt den Menschen. Er zwingt ihn dazu. Niemand geht mit Krebs von dieser Welt, ohne über sein Leben nachgedacht zu haben und ohne sein bisheriges Leben rekapituliert zu haben, ohne das Wenn und Aber geprüft zu haben. Der Schmerz und das Leid und der eigene körperliche Verfall geben viel Anlass zum Nachdenken, denn am Ende des Lebens bleibt nur das Warten auf den erlösenden Tod. Manchmal kommt er dabei schneller, manchmal auch langsamer. Doch kommen wird er, und alles, was vom einst blühenden Leben übrig bleibt, ist die Seele ...

Wenn eine Seele den Tod als Weg der Entwicklung wählt, dann schließt sie damit ein Leben ab.

Entwicklung durch den Tod eines anderen

Nicht jede Seele stirbt, weil sie in ihrer Entwicklung stecken geblieben ist. Es gibt Seelen, die nichts Relevantes in ihrem Leben falsch gemacht haben, dennoch einen frühen oder ungewöhnlichen Tod wählen. Diese Seelen erweisen anderen einen sehr hohen Dienst. Sie schenken sozusagen anderen ihr eigenes kostbares Leben.

Ein Leben als Mensch nur zum Wohle der Entwicklung anderer ist der höchste Dienst, den eine Seele erbringen kann.

Diese Seelen stellen ihr Leben nur anderen zur Verfügung, damit andere Seelen sich weiterentwickeln, damit andere Seelen etwas lernen. Manche nehmen Leid und Schmerz in Kauf, damit andere Seelen davon profitieren können. Wie kleine Engel leben sie unter uns, um eines Tages mit einem bewegenden Abgang zu verschwinden. Im Fernsehen ist das immer toll anzusehen, doch im wirklichen Leben werden die Angehörigen von unendlich viel Trauer und Verlust getroffen. Es handelt sich dabei meist um Seelen, die bereits weise und ihrem Alter entsprechend besonders reif durchs Leben gehen. Sie stellen ihr ganzes Leben in den Dienst anderer. Und auch ihr Tod ist nur für andere in einer beeindruckenden Art inszeniert. Alles, was geschieht, ist keine Schauspielerei, sondern das reale Leben. Doch es ist von einer dermaßen beeindruckenden Art, dass es jeden, der damit konfrontiert wird, im Innersten berührt. Man kann sich dieser Seelen und ihrem tödlichen Abgang nicht entziehen. Zu viele Fragezeichen schweben danach noch in der Luft.

Je mehr Fragen nach einem Tod bestehen, desto mehr Entwicklung ist möglich.

Durch jede Frage, die sich die Hinterbliebenen stellen, bohren sie in den Tiefen des Lebens des Verstorbenen und in seinem Seelenanteil. Doch genauso tief bohren sie in den Tiefen ihrer eigenen Seele. Dadurch, dass für die Hinterbliebenen viele Fragen offen bleiben, überdenken sie ihr eigenes Leben und das Leben und Ableben des Verstorbenen. Ein Gedanke führt zum nächsten. Oft drehen sie sich sinnlos im Kreis, bis sich endlich eine kleine Tür der Erkenntnis öffnet. Dort hinein werfen die Trauernden einen Blick und erkennen zum ersten Mal den Sinn des Lebens. Es arbeitet und rumort in den Tiefen ihres Seins, und sie stellen oft fest, dass sie das Leben bisher von einer völlig falschen Seite aus betrachtet haben.

Durch den Tod sieht man endlich vieles klarer.

Der Tod ist in der Lage, das Leben aus einem völlig anderen Blickwinkel heraus für uns darzustellen, nämlich aus der Sicht des Todes. Wir leben nicht ewig, doch diese Tatsache wird uns oft erst richtig bewusst, wenn ein Mensch, den wir noch viele Jahre in unserem Leben wähnten, für immer gegangen ist. Dann denken wir über sein Leben, über unser Leben und über das Leben an sich nach. Wir fangen an, vieles zu hinterfragen: Warum leben wir? Warum sterben wir? Warum werden wir geboren?

Wir brauchen einen Sinn, denn wenn unser Leben sinnlos ist, dann lohnt es sich doch nicht zu leben. Wir wollen verstehen, warum wir diesen Menschen verloren haben und warum gerade wir den Verlust erleiden mussten und nicht irgendjemand anders.

Der Tod öffnet Türen zum Leben, die sonst für immer verborgen und geschlossen geblieben wären.

Dies bedeutet, dass der Tod eines geliebten Menschen immer auch ein Segen für uns ist, wenn wir den Tod als Teil des Lebens annehmen können. Wir verlieren zwar scheinbar jemanden, der uns lieb und teuer ist, aber der Gewinn an Erkenntnis und seelischer Entwicklung ist ein wichtiger Schritt für jeden von uns.

Je schlimmer der Verlust eines Menschen erscheint, desto mehr entwickeln sich die Seelen seiner Mitmenschen.

Wenn Menschen, die neben uns gelebt haben und dann durch den Tod wieder aus unserem Leben gehen, sterben, ist das kein Verlust. Dass wir mit ihnen zusammenleben durften, ist eine Bereicherung unseres Lebens. Dass wir eine Zeit lang gemeinsam mit ihnen durchs Leben gehen konnten, ist ein großartiges Geschenk. Im Leben sind Veränderungen unvermeidlich. Das Leben, das wir heute führen, ist morgen bereits ein anderes. Nichts hat ewig Bestand, und auch das Leben an sich bleibt niemals unveränderlich und ist auch niemals von Dauer.

Der Tod nimmt uns niemanden weg, denn niemand gehört uns.

Menschen kommen in unser Leben, und Menschen gehen aus unserem Leben – das ist der Lauf der Dinge. Der eine geht früher, der andere später, doch gehen müssen wir alle eines Tages. Auch wir werden eines Tages sterben und Menschen, die wir lieben, im Leben zurücklassen. Wenn die Stunde unseres Todes kommt, können auch wir uns ihm nicht wirklich verwehren. Der Tod kommt und nimmt uns Menschen mit, ohne Rücksicht auf irgendwelche Verluste.

Wir würden dann ebenfalls nicht wollen, dass unsere Liebsten nur in Trauer versinken und dabei vergessen zu leben. Ganz im Gegenteil: Wir würden sagen: »Euer Leben ist kostbar und zu leicht vergänglich. Lebt, und seid glücklich, denn dazu seid ihr hier auf Erden. Darum lebt ihr. Das ist der Sinn des Lebens.«

Wir können vom Tod nur lernen. Wir lernen so viel durch ihn, dass es manchmal auch erschreckend ist. Denn manch ein Todesfall verändert das Leben von uns Hinterbliebenen oft nachhaltig und für immer. Die Seele des Verstorbenen hilft uns daher in unserem eigenen Leben. Sie hilft uns, zu verstehen, wer wir wirklich sind und wohin wir in diesem Leben wollen. Sie öffnet uns die Augen und den Zugang zu unserer eigenen Seele.

Der Tod verwandelt uns zurück vom oberflächlichen Menschen zur tiefen Seele.

Wenn wir jemanden durch den Tod verlieren müssen, damit wir uns selbst weiterentwickeln können, wenn eine unschuldige Seele sich für uns geopfert hat, dann dürfen wir das nie als Strafe ansehen. Vielleicht wäre die Seele nicht gegangen, wenn wir die eine oder andere Lektion allein gelernt hätten. Vielleicht wäre sie dann aber auch gar nicht erst in unser Leben getreten. Vielleicht wäre auch alles genauso gekommen, wie es nun letztlich kam. Wer weiß das schon hier auf Erden? Die Seele hat uns ein Geschenk gemacht. Daher dürfen wir nicht mit dem Schicksal hadern. Der Seele des Toten geht es gut, nur wir spüren den menschlichen Verlust.

Der Tod ist niemals eine Strafe.
Er ist Lehre und Lektion zum Wachstum.

Gemeinsame Entwicklung

Der Tod ermöglicht diese beiden verschiedenen Entwicklungsmöglichkeiten. Oft treffen auch beide Möglichkeiten gleichzeitig zu. Denn jedes Mal, wenn eine Seele den Tod zur eigenen Entwicklung wählt, gibt es Menschen, die zurückbleiben und ebenfalls an dem Verlust wachsen können.

Tod eines Kindes

Unsere Kinder gehören uns nicht.
Sie begleiten uns nur durchs Leben.

Das Schlimmste, was einem Menschen im Leben widerfahren kann, ist, wenn das eigene Kind stirbt. Dies ist eine Tragödie, die den Menschen mehr erschüttert als irgendetwas sonst im Leben. Sie erschüttert mehr als jeder andere Todesfall. Alles andere kann man ertragen, aber wenn das eigene Kind stirbt, ist es, als ob die eigene Welt plötzlich in Schutt und Asche läge.

Unsere Kinder sind immer ein Teil von uns. Sie sind stärker mit uns verbunden als jeder andere Mensch. Sie sind unser Fleisch und unser Blut. Sie sind unser Vermächtnis, unser Erbe an die Menschheit. Unsere Kinder sind unser größter Schatz auf Erden. Sie sind unsere Zukunft, unser Ziel, unsere Bestimmung.

Kinder sind kleine Engel auf Erden.

Es gibt viele verschiedene Wege, wie man ein Kind verlieren kann. Es gibt Fehlgeburten, Totgeburten, den plötzlichen Kindstod, Krankheiten und Unfälle und leider auch Verbrechen, denen

Kinder zum Opfer fallen können. Egal, wie ein Kind stirbt, es tut einem in der Seele unendlich weh.

Früher bekam man viele Kinder, und immer wieder fielen einige davon dem Tod zum Opfer, doch heute bekommt man tendenziell weniger Kinder und erwartet, eines Tages vor ihnen aus dem Leben zu gehen. Man bekommt Kinder, um sie aufwachsen zu sehen. Man möchte erleben, was aus ihnen wird, wie ihr Leben verläuft, welchen Beruf sie wählen und welchen Partner. Man möchte seine Enkelkinder sehen, und manchmal darf man sich auch auf Urenkel freuen.

Wir schenken unseren Kindern das Leben, um sie leben zu sehen. Heute erwartet niemand mehr den Tod eines Kindes. Unsere moderne Medizin sorgt fast immer dafür, dass Mütter und ihre Babys die Entbindung unbeschadet überstehen. Wir rechnen heute in der westlichen Welt einfach nicht mehr mit dem Tod eines Kindes, und dennoch kann er geschehen.

Wenn ein Kind das Licht der Welt erblickt, dann ist es unschuldig wie ein kleiner Engel. Es ist schutzlos wie ein Blatt im Wind. Es braucht seine Eltern, damit sie für es sorgen. Ohne Eltern oder andere Menschen, die sich seiner annehmen, hätte ein Baby keinerlei Überlebenschance auf dieser Welt. Alles Potenzial ist bereits in einem Baby vorhanden, doch es liegt an den Eltern, dieses Potenzial auch zu wecken. Fördert man ein Kind nicht, verkümmert alles, was in ihm vorhanden ist.

Neugeborene Babys sind mehr Seele als Mensch.

Das Menschsein müssen sie erst noch von ihren Eltern lernen. Sie sind noch sehr stark mit der Welt der Seelen verbunden. Darum haben sie auch oft so einen verklärten Blick. Sie sehen ihre neue Welt noch nicht mit den Augen eines Menschen, sondern sie spüren und fühlen ihre Welt mit anderen Sinnen.

Kleine Kinder fügen niemandem Schaden zu. Erst wenn sie durch ihre Umgebung lernen, was Schmerz ist, verwandelt sich ihre Unschuld manchmal in Boshaftigkeit. Doch dies geschieht niemals von allein, ohne Auslöser und ist auch nur ein Schutzprogramm, damit ihre Seele nicht untergeht. Kinder fügen anderen normalerweise kein Leid zu, es sei denn, man zwingt sie dazu. Aus diesem Grund ist der Tod eines Kindes auch nicht zur Entwicklung des Kindes gedacht. Dies kann er auch gar nicht, denn Kinder haben eine völlig andere Einstellung zum Tod als Erwachsene. Sie begreifen den Tod noch nicht als Verlust. Sie halten den Tod für etwas völlig Normales im Leben. Ihre Erinnerungen an das Seelendasein sind einfach noch frischer als die von Erwachsenen.

Wenn ein Kind stirbt, dient das vor allem der Entwicklung der Eltern.

Wenn man daher verstehen möchte, warum ein Kind gestorben ist, muss man sich in erster Linie dem Lebenslauf der Eltern widmen. Auch wenn es das Schlimmste ist, was einem Menschen im Leben geschehen kann, ist der Tod eines Kindes keinesfalls als Strafe anzusehen. Niemand will uns Menschen für etwas bestrafen, aber wir müssen alle unsere Lektionen lernen.

Der Tod ist keine Strafe. Er ist eine Lektion.

Alles, was wir im Leben tun, bewegt etwas. Es zieht etwas nach sich. Wenn wir beispielsweise das Licht löschen, dann wird es dunkel im Raum. Egal, was wir tun, es verändert unsere Welt. Auf eine Aktion folgt immer eine Reaktion. Daher ist bei jeder Tat, die wir vollbringen, zu bedenken, welche Folgen sie nach sich ziehen kann. Wenn wir jemanden beleidigen, dann bewirkt das etwas in dem anderen Menschen. Er ist entweder verletzt, oder er wird wütend oder gar rachsüchtig. Es ist ganz natürlich, dass jede Tat eine andere Sache nach sich zieht. Daher sollte der Mensch auch niemals naiv durchs Leben gehen und meinen, er kann alles Mögliche austeilen, ohne jemals etwas dafür zu ernten. Dies ist eine der größten Irrungen, der viele Menschen verfallen sind. Das Problem ist jedoch, dass sie selten die Folgen, die geschehen, mit ihren Taten in Verbindung bringen. Denn die Schicksalsgesetze greifen – zum Glück – langsam, aber sie greifen. Das heißt, dass sich etwas im Leben ereignen kann, was lange Zeit zuvor ausgelöst wurde. Nicht jede falsche Tat wird sogleich gesühnt, aber je öfter das »Falsche« gelebt und zelebriert wird, desto mehr Energie zieht es auf sich, und desto mehr Energie bekommt die Resonanz eines Tages.

Das Leben besteht aus reiner Energie. Daher erfolgt auf jede Aktion eine Reaktion.

So schwer es fällt, das zu begreifen, ist das Kind jedoch niemals gestorben, um die Eltern zu bestrafen. Das Kind ist gestorben, damit die Eltern eine bestimmte Sache in ihrem Leben begreifen, damit sie endlich etwas ganz Bestimmtes verstehen. Das Kind ist gegangen, damit die Eltern endlich den Sinn ihres eigenen Lebens erkennen.

Der Schmerz um ein verstorbenes Kind ist bodenlos, aber er wirkt auf anderer Ebene heilend.

Der Schmerz um ein totes Kind heilt uns auf seelischer Ebene, denn dieses Kind ist eine göttliche Seele, die gekommen ist, um uns zu heilen, um uns voranzubringen auf unserem seelischen Weg, auf dieser Gratwanderung, die das Leben jeden Tag immer wieder darstellt. Wir alle sind hier, um uns zu beweisen, wer wir sind. Wir wollen es Gott, oder wie wir ihn auch immer benennen, beweisen, und vor allem wollen wir es allen anderen Seelen zeigen.

Wenn ein Kind stirbt, tut es besonders weh, weil es scheint, als wäre das ganze Leben des Kindes verloren. Doch das Kind kam nur auf die Welt, um diese kurze Zeit hier mit uns zu leben. Es hatte niemals vor, alt zu werden. Es hatte nicht vor, lange auf der Erde zu sein. Sein Weg war ein anderer. Es kommt niemals auf die Zeit an, die wir leben, sondern immer nur darauf, ob wir unser Leben nutzen.

Ein Kind das stirbt, hat seine Zeit genutzt. Es hat seine Aufgabe für dieses eine Leben erfüllt.

Manche Seelen brauchen keine Jahre, um ihre Bestimmung zu erfüllen. Das Leben des Kindes ist vorbei, doch es war wichtig und richtig. Es war da und hat seine Mitmenschen berührt. Es war

Mensch für eine kurze Zeit. Wäre es nie empfangen worden, dann hätten die Eltern weniger Schmerz und Leid erlebt. Aber sie hätten auch nicht die schönen Momente genießen können, die sie mit dem Kind erleben durften. Sie hätten ihr Kind niemals im Arm gehalten, niemals sein Lachen gesehen, es niemals in den Schlaf gewiegt und niemals in sein hübsches Antlitz blicken können.

Wie viel ärmer wäre unsere Welt, wenn dieses Kind niemals gelebt hätte, wenn es niemals das Licht unserer Welt erblickt hätte. Es war für uns ein Geschenk auf Erden. Nun ist es fort, doch sein Geist ist immer noch hier. Seine Seele wandelt für immer durch unsere Welt.

**Ein Kind ist ein Geschenk Gottes.
Halten Sie es, solange Sie können,
aber zerdrücken Sie es nicht, und lassen Sie
es auch wieder gehen, wenn die Zeit gekommen ist.**

Das Kind, das gestorben ist, hat nichts vom Leben verpasst. Denn sein Leben sollte nicht länger sein. Das Kind sollte niemals groß und erwachsen werden. Es sollte uns nicht ein Leben lang begleiten. Es wollte nicht die Erfahrungen eines erwachsenen Menschen machen. Es wollte nicht einen kompletten menschlichen Entwicklungsweg in diesem Leben gehen. Das Kind hat seinen Lebensteil erfüllt. Es wurde geboren, es wurde geliebt, und nun war es an der Zeit für es, zu gehen.

**Das Kind selbst hat keinerlei Verlust
durch seinen frühen Tod erfahren.**

Tod eines Jugendlichen

Die Jugend ist das Tor zum Erwachsensein, welches manchmal verschlossen bleibt.

Die Jugend ist die gefährlichste Zeit des Lebens. Der Mensch ist kein Kind mehr, aber er ist auch noch nicht erwachsen. Er ist jung, unerfahren und oft viel zu mutig. Es ist die Zeit, in der die meisten Unfälle geschehen, der meiste Blödsinn angestellt wird, die meisten dummen Mutproben gewagt werden, die tausend Mal gut gehen und doch immer wieder schiefgehen können.

Die Jugend ist die Zeit, in der Kinder sich von ihren Eltern lösen und sie oft auch nicht mehr ernst nehmen, in der Kinder meinen, ihre Eltern hätten keine Ahnung vom jetzigen Leben, in der junge Menschen alles neu erfinden wollen. Die Jugend ist die Zeit, in der viele Menschen versuchen, größer zu sein, als sie in Wirklichkeit sind.

Manche Jugendliche wollen sich und ihrer Umwelt beweisen, wie stark sie sind, und zerbrechen dabei.

Wenn ein Jugendlicher stirbt, ist es ein ebenso großer Schock für sein Umfeld, wie wenn ein kleines Kind stirbt. Es ist ein junges Leben, das für immer ausgelöscht wird. Es ist ein Leben, welches gerade erst am Entstehen war, welches gerade erst anfing, sich selbst zu finden. Ein Kind, das stirbt, ist ein Wesen, welches noch sehr von den Eltern beeinflusst war. Aber ein Jugendlicher war bereits eine eigene Persönlichkeit. Er stand am Beginn seines eigenen Lebens, und bevor es richtig losging, war es auch schon wieder vorbei. Der Tod eines Jugendlichen berührt uns Menschen, denn kaum hat sich der Charakter des Betroffenen entwickelt, kaum durften wir das Potenzial des künftigen Erwachsenen erfahren, ist er für immer verloren. Wir Hinterbliebenen fragen uns, was gewesen wäre, wenn der Jugendliche noch länger gelebt hätte, was aus ihm geworden wäre, welchen Beruf er gewählt hätte, welchen Partner, welchen Lebensweg. Es gibt so viele Situationen im Leben des Jugendlichen, an denen wir Anteil nehmen wollten, und die niemals mehr eintreffen werden. So viel Lebenspotenzial ist so früh für immer erstickt.

Menschen, die als Jugendliche sterben, sind große spirituelle Wegbegleiter.

Sie verändern alle, die sie zurücklassen. Denn niemand bleibt von solch einem frühen Tod unberührt. Derartige Todesfälle setzen viele Umdenkprozesse in Gang. Jeder, der den Toten kannte, wird gezwungen, über den Tod, aber vor allem auch über das Leben nachzudenken, dieses zerbrechliche Gebilde, in dem wir uns tagein, tagaus bewegen, in dem wir unseren Alltag bestreiten und niemals auf die Idee kämen, dass ausgerechnet jemand in diesen jungen Jahren uns verlassen könnte. Wie viele ältere Menschen kennen wir, die immer noch da sind? Die atmen, mit uns lachen und weiterleben? Wie viele Menschen kennen wir, die alt und krank sind und die auf den Tod warten? Und dann stirbt stattdessen ein junger Mensch, jemand, der voller Leben war, ein junger Mensch, der glücklich war und voller Freude durchs Leben wandelte. Es stirbt stattdessen ein Mensch, der unserer Meinung nach noch Jahrzehnte auf dieser Welt hätte verweilen sollen, der noch so viel hätte erleben sollen, der uns noch so viele Jahre hätte begleiten sollen.

Alle Freunde des Jugendlichen werden durch seinen frühzeitigen Tod ihrer eigenen Sorglosigkeit beraubt. Sie werden zurück auf den Boden der Tatsachen geholt, wenn sie zu sehr abgehoben waren. Sie werden damit konfrontiert, dass die Welt nicht nur für sie da ist, sondern dass es noch andere Mittelpunkte im Leben gibt. Sie werden damit konfrontiert, dass das Leben ihnen nicht immer in die Hände spielt, sondern dass jeder seinen Teil zum Leben beitragen muss.

Das Leben wartet nicht auf uns. Wir müssen es uns verdienen.

Wir werden nicht einfach geboren und leben dann, bis wir alt und grau sind. Nein, wir können jederzeit in diesem Leben versagen. Wir können jederzeit in diesem Leben untergehen. Wir können jederzeit durch einen vorzeitigen Tod aus diesem Leben verschwinden. Das Leben ist kein Geschenk und kein Kinderspiel. Das Leben ist harte Arbeit an uns selbst. Wir bekommen nichts umsonst. Wir sind hier, um uns alles zu verdienen. Wir sind hier, um Glück, Freude, Liebe und Gesundheit zu erfahren. Das bedeutet, dass wir Erfahrungen machen müssen, damit wir Glück,

Freude, Liebe und Gesundheit überhaupt empfinden können. Wir müssen dafür schöne und auch weniger schöne Erfahrungen machen und lernen, dass es auch im Angesicht von Schmerz und Leid Glück, Freude, Liebe und Gesundheit gibt. Diese positiven Aspekte des Lebens sind immer da, doch manchmal sehen wir sie nicht. Sie sind immer und für jeden Menschen vorhanden. Auch im Angesicht des Todes sind Glück, Freude, Liebe und Gesundheit da. Wir müssen sie nur wahrnehmen.

Der Tod ist nicht unser Feind, sondern unser bester spiritueller Lehrer.

Wenn ein Jugendlicher stirbt, dann bedeutet dies Wandlung für alle, die ihn kannten. Doch am meisten Wandlung kommt auf die Eltern und Geschwister des Verstorbenen zu. Für die Eltern zerbricht eine Welt. Der Sinn ihres Lebens, ihrem Kind zu einem guten und schönen Leben zu verhelfen, scheint dahin. Selbst wenn sie noch weitere Kinder haben, scheint das Leben der Eltern seinen Sinn mit dem Tod des einen Kindes verloren zu haben. Doch in Wirklichkeit sorgt der Tod des Kindes dafür, dass die Eltern aus ihrem »alten« Leben heraustreten und alles neu überdenken. Dabei finden sich oft viele versteckte Probleme, die über Jahre in irgendwelchen »Schubladen« warteten, bis sie durch solch ein Ereignis erneut ans Licht zu kommen. Der Sinn eines solchen Todes ist oft die Aufarbeitung lange verdrängter Dinge, die tief im Unbewussten wirkten. Der Tod des eigenen Kindes sorgt daher oft für eine Bewusstmachung von ignoriertem seelischem Ballast. Durch den Tod des Jugendlichen werden gezwungenermaßen die Türen in den eigenen inneren Tiefen gewaltsam aufgestoßen und

Altes wieder zum Vorschein gebracht. Das ist ein besonders harter Weg, doch manche Seelen brauchen genau diesen Weg, um sich weiterentwickeln zu können. Der Jugendliche ist hier gewissermaßen ein seelischer Helfer für seine Eltern. Er erweist ihnen durch seinen Tod einen großen Dienst, auch wenn das von den Eltern in der akuten Situation meist nicht erkannt werden kann.

**Wir dürfen im Leben niemals vor unseren Problemen davonlaufen, denn sonst holen sie uns in irgendeiner Form wieder ein.
Manchmal durch den Tod.**

Eltern, die ein Kind verloren haben, welches das Erwachsenenalter noch nicht erreicht hat, dürfen dies nicht als Bestrafung ansehen. Das würde weder das Kind wollen, welches in eine andere Welt übergetreten ist, noch ein Gott, der über alle wacht, noch ihre eigene Seele. Der Tod bestraft uns nicht. Er geschieht einfach. Er ist Teil des Lebens, und auch wenn er geschehen musste, weil die Seele sonst nicht zu einer Weiterentwicklung gekommen wäre, handelt es sich niemals um eine Strafe. Ganz im Gegenteil: Es ist ein Segen, wenn die Seele endlich die notwendigen Schritte vollziehen kann. Der Tod ist ein Liebesdienst der verstorbenen Seele. Er ist ein Geschenk – das Geschenk ewiger, seelischer und reiner, göttlicher Liebe. Wir Menschen dürfen nicht nur den Verlust sehen, nicht nur die Trauer. Wir müssen versuchen, den Sinn des Ganzen zu verstehen.

**Alle Seelen gehen ihren Weg,
manche mehr im Jenseits, manche mehr auf Erden.**

Es kommt nicht darauf an, was wir erleben und was wir hier auf Erden alles erreichen. Es geht um unser Bewusstsein. Es geht um unser Seelenheil, um unsere eigene Göttlichkeit, um unser spirituelles Wachstum. Dies können wir innerhalb weniger Menschenjahre erreichen. Dazu müssen wir keine Jahrzehnte leben. Wachstum kann auch innerhalb von 10 oder 20 Jahren erreicht werden, denn Zeit spielt für eine Seele keine Rolle. Es ist egal, wann wir etwas erreichen, verstehen oder umsetzen. Das Ziel muss lediglich erreicht werden.

Menschen, die in jungen Jahren sterben, geben ihr Leben für Menschen und Seelen, die sie über alles lieben.

Auch die Geschwister werden durch den frühen Tod eines Jugendlichen stark geprägt. Auf einmal ist ein Mitglied ihrer Familie für immer verloren. Sie selbst sollen weiterleben und die Schwester oder der Bruder kann es nicht mehr. »Warum ist der andere gegangen und nicht ich selbst?«, fragen sich einige. Die Geschwister des Toten sind sowohl seelisch, psychisch und körperlich sehr stark belastet. Je jünger die Geschwister sind, desto mehr suchen sie wieder die Nähe der Eltern. Dies ist eine besonders schwierige Situation für die trauernden Eltern, denn durch den Verlust fehlt ihnen oft die Kraft, sich richtig um die Geschwister ihres verstorbenen Kindes zu kümmern. Doch diese brauchen in der Zeit der Trauer besondere Zuwendung, damit es nicht zu Entwicklungsrückschritten kommt. Weinanfälle, Wutausbrüche, Ängste, Kopf- und Bauchschmerzen, Einnässen, Verdrängung und Rückzug sind mögliche Reaktionen bei den hinterbliebenen

Geschwistern, besonders dann, wenn sie jünger als der Verstorbene sind. Häufig leiden sie auch unter Schlafstörungen, Konzentrationsstörungen, und ihre schulischen Leistungen lassen nach. Dies kommt auch bei jugendlichen Geschwistern vor. Oft erleben die Eltern die Pubertät der hinterbliebenen Geschwister stärker als gewöhnlich. Süchten wie Rauchen und Alkoholkonsum sollte unbedingt vorgebeugt werden. Auch sogenanntes Ritzen kann ein Ausdruck des nicht verarbeiteten Todesfalls sein. Geschwister wie Eltern sollten sich Hilfe durch einen Therapeuten suchen, anstatt zu versuchen, allein mit dem Tod des Verstorbenen klarzukommen.

Nehmen Sie dem Tod nicht den Sinn, indem Sie sich ein Leben lang grämen. Die verlorenen Seelen sind immer noch bei Ihnen. Sie sind so nahe, denn Sie sind auf ewig in Liebe mit ihnen verbunden. Diese Verbindung ist so mächtig und so fest, dass nichts auf der Welt sie zerstören kann – auch nicht der Tod. Denken Sie an sie in liebevoller Erinnerung und an den Dienst, den sie Ihnen erwiesen haben. Erinnern Sie sich an die schönen Dinge, die Sie gemeinsam mit dem Verstorbenen erlebt haben. Blicken Sie liebevoll zurück anstatt traurig nach vorne, denn von Ihrer Trauer kommt der verlorene Mensch nicht zurück. Sie zerstören damit nur sich selbst und das Geschenk, dass der Verstorbene Ihnen gemacht hat. Sie sind immer noch hier auf dieser Erde, und daher müssen Sie für die Verstorbenen weiterleben. Sie müssen leben für die Liebe Ihres Kindes. Sie müssen weiteratmen, weitermachen und eines Tages auch wieder für Ihr Kind lachen. Ihr Kind ist immer bei Ihnen. Es ist da, wo immer Sie sind. Denn mit der Empfängnis Ihres Kindes haben Sie sich mit ihm verbunden. Es hatte Ihre Gene. Es war aus Ihrem Fleisch und Blut. Sie haben ihm einen Teil von sich gegeben, und daher ist ein Teil von Ihnen bei ihm, bis ans Ende der Zeit.

Übung:

Stellen Sie sich vor, Sie sind in einem Raum. Dort ist eine Tür, durch die Sie nicht gehen dürfen. Eines Tages dürfen Sie die Tür öffnen und hindurchgehen, doch nicht jetzt. Jetzt müssen Sie in diesem Raum bleiben und dürfen ihn nicht verlassen. Ihr Kind ist durch die Tür gegangen, denn es durfte bereits durch die Tür gehen. Sie wissen, dass es nun in dem anderen Zimmer ist. Sie wissen, es ist dort, auch wenn Sie nicht hinübergehen dürfen und Ihr Kind nicht zu Ihnen zurückkommen kann, denn diese Tür öffnet sich nur in eine Richtung. Sie wissen, dass es in dem anderen Raum schön ist und es Ihrem Kind gutgeht. Das einzige Problem ist die Einbahnstraße, die Sie noch nicht betreten dürfen. Wenn Sie das wissen, dann hadern Sie nicht damit, dass Sie Ihr Kind eine Weile nicht besuchen können, denn Sie wissen, es geht ihm gut. Es ist zu Hause. Es ist in unser aller Zuhause. Es leidet nicht. Es fühlt keinen Schmerz. Es geht ihm einfach gut. Und wenn der Zeitpunkt gekommen ist, dürfen Sie zu ihm in den anderen Raum. Dann sehen Sie Ihr Kind wieder und sind wieder mit ihm vereint.

Das ist der Tod. Der Tod an sich ist nicht schmerzhaft. Er ist nicht schrecklich. Er ist einfach nur der Übergang zu einem uns verwehrten Bereich. Horchen Sie tief in sich hinein, und Sie wissen ganz genau, dass ich recht habe: Sie wissen, dass der Tod nicht böse ist, dass er Sie nicht strafen will, sondern dass er einfach Teil Ihres und des Lebens Ihres Kindes ist.

Sie wissen, Ihr Kind ist da, auch wenn Sie momentan nicht zu ihm dürfen, auch wenn Sie Ihr Kind momentan nicht sehen oder in den Arm nehmen können. Ihr Kind weiß, dass Sie hinter der Tür sind, durch die es bereits gegangen ist. Ihr Kind bleibt dort, bis Sie eines Tages zu ihm kommen. Sehen Sie nicht auf die Uhr, achten Sie nicht darauf, wie viele Tage, Wochen oder Jahre vergehen. Leben Sie, und warten Sie, denn Sie werden Ihr Kind sehen, wenn der richtige Zeitpunkt dafür gekommen ist.

Strafen Sie Ihr verstorbenes Kind nicht durch Ihren endlosen Schmerz, denn es kann Ihren Schmerz fühlen, jedes Mal, wenn Sie an es denken. Schicken Sie ihm unendliche und wahre Liebe, denn das macht Ihr Kind glücklich, wo auch immer es gerade ist.

Liebe, unendliche, reine und wahre Liebe, ist das Beste, was wir unseren Toten senden können. Denn das ist der Weg, das Ziel und das wahre Glück eines jeden gelebten Lebens. Reine, wahre und unendliche Liebe zu fühlen und zu geben, ist die seelische Aufgabe eines jeden Menschen, einer jeden Seele, ob hier auf Erden oder im Jenseits.

Lieben Sie Ihre Toten, gedenken Sie Ihrer Toten, aber zerstören Sie nicht Ihr eigenes Leben durch ihren Tod, denn Ihr Leben ist kostbar, wichtig und so, wie es ist, für Ihre eigene Seele auch richtig.

Tod eines jungen Erwachsenen

> *Du warst noch so jung und doch schon erwachsen, doch wo bist du nun ...?*

Der Übergang zwischen Jugend und Erwachsensein ist fließend. Auch wenn der Gesetzgeber die Grenze auf 18 bzw. 21 Jahre legt, kann man dies im Leben nicht immer so festlegen. Mit der Zeit übernimmt der junge Mensch immer mehr Verantwortung, sowohl für sich selbst, als auch für andere. Doch während des Übergangs kommt es immer wieder zu kindlichen Anwandlungen, zu Übermut und Blödsinn, sodass die Gefahren der Jugend nicht mit dem 18. oder dem 21. Geburtstag auf einmal vorbei sind.

Im Alter zwischen 20 und 30 Jahren fängt normalerweise jeder an, auf eigenen Füßen zu stehen, die einen etwas früher, andere etwas später. Wann genau ein junger Erwachsener selbstständig wird, liegt schon allein an den Lebensumständen und an der Berufswahl.

Junge Menschen, die früh sterben, leben oft schneller und intensiver, weil sie unterbewusst ahnen, dass sie nicht viel Zeit haben werden.

Wenn jemand in diesem Alter stirbt, gibt es mehrere Möglichkeiten, wer entwicklungsmäßig von seinem Tod profitieren kann. Ein junger Erwachsener, der in seiner Jugend sehr viele Fehler auf Kosten anderer begangen hat und nichts daraus gelernt hat, kann zur eigenen seelischen Entwicklung den Tod gewählt haben. Doch dies ist eher selten der Fall.

Auch wenn unsere Kinder erwachsen sind, bleiben sie ein Leben lang unsere Kinder.

Daher werden durch den Verlust oft die Eltern des Verstorbenen zur Weiterentwicklung gezwungen. Aber auch die Freundin oder der Freund, beziehungsweise der Ehepartner des Verstorbenen muss durch den Todesfall sein Leben neu orientieren. Die Beziehung ist in diesem Alter oft noch frisch. Kaum hat man den »Traumpartner« gefunden, ist er auch schon wieder für immer verloren. Der zurückbleibende Partner ist in der Regel ebenfalls noch jung, und durch den Tod ist das gesamte geplante Leben auf einmal ein Scherbenhaufen, besonders wenn die Partner finanziell voneinander abhängig waren. Auf einmal ist man wieder allein. Dies stürzt den einsamen Partner oftmals in ein tiefes Loch, welches auch in einer schweren Depression enden kann.

Die Sicherheit, die einem der Partner gegeben hat, ist auf einmal weg. Dadurch verliert man sehr leicht den Boden unter den Füßen. Ängste kommen hoch, dass man sich auf nichts verlassen kann, dass man kein Glück, keine Liebe verdient hat. Es entstehen unterbewusst Ängste, für immer allein bleiben zu müssen. Schließlich hat man den Partner doch geliebt und kann sich nicht vorstellen, einen anderen Menschen noch einmal so lieben zu können, einen anderen Menschen noch einmal so lieben zu wollen. Schließlich hat die verlorene Liebe erst diesen vernichtenden Schmerz gebracht. Und dennoch ist auch die Angst da, allein bleiben zu müssen, die Angst, dass der Traum von einer eigenen Familie mit dem Partner für immer gestorben ist.

Hinterbliebene junge Partner scheinen durch den Tod ihr gesamtes Leben zu verlieren.

Dies ist zwar in Wirklichkeit nur ein Trugschluss, denn eigentlich dient der Tod des Partners erst der Entwicklung des eigenen Seelenlebens, aber genau so wird es von vielen Hinterbliebenen empfunden. Die jungen Menschen sind oft noch sehr sensibel und unsicher. Viele sind nach so einem Schicksalsschlag völlig verzweifelt und auf Hilfe von außen angewiesen. Wichtig ist hier eine gute Trauerarbeit, damit sie den verstorbenen Partner irgendwann loslassen können.

Das eigene Leben geht weiter, und es besteht die Gefahr, dass der Trauernde zu lange in seinem Elend versinkt und der Lebenszug zu weit an ihm vorbeigefahren ist, bis er sein eigenes Leben wieder einigermaßen in den Griff bekommt.

Auch wenn die Beziehung durch den Tod des Geliebten nur kurz währen konnte, ist sie eine der wichtigsten Beziehungen des Lebens für den hinterbliebenen Partner. Keine weitere Beziehung in seinem Leben wird so einschneidend in sein Leben sein.

Nicht die Dauer einer Beziehung ist entscheidend, sondern die Erfahrungen, die wir daraus ziehen.

Dieser eine, verstorbene Partner wird immer ein Begleiter im Leben bleiben. Sein Geist, seine Energie und seine Seele umgeben den weiterlebenden Partner wie eine Hülle. Denn durch den frühen Tod ist die Prägung enorm und die Verbindung zu dieser Seele wie ein fest geknüpftes Band.

Geht der hinterbliebene Partner später eine neue Beziehung ein, dann wird das in den seltensten Fällen eine Zweierbeziehung sein, denn die Verbindung zum Toten bleibt meist ein Leben lang bestehen. Dies ist kein einfacher Umstand, und der neue Partner sollte hierfür Verständnis haben, sonst ist die neue Beziehung zum Scheitern verurteilt, bevor sie überhaupt richtig beginnen kann. Doch auch derjenige, der diese frühe Verlusterfahrung machen musste, sollte sich dieser bleibenden Verbindung zum Verstorbenen bewusst sein. Diese Bindung muss ihn jedoch nicht im Leben behindern. Sie kann ihn auch bereichern, wenn er lernt, diesen Umstand zu akzeptieren. Abgesehen davon, sollte diese Seele genau diese Erfahrung in ihrem Leben machen, denn nichts im Leben geschieht einfach nur so.

Tod zwischen 30 und 40

Du standst mitten im Leben, doch dein Weg auf Erden war zu Ende.

Wenn wir 30 Jahre alt sind, haben wir in der Regel unsere Berufsausbildung bereits hinter uns und arbeiten schon einige Zeit in unserem Beruf. Viele von uns haben bereits einen festen Partner und beginnen spätestens jetzt mit der Familienplanung.

Mit 30 haben wir meistens unsere Lebensplanung fertig vorbereitet. Wir wissen, wer wir sind, was wir wollen und in welche Richtung unser weiteres Leben gehen soll.

Zwischen 30 und 40 stehen wir mitten in unserem Leben. Es ist auch der Zeitraum, in dem viele von uns beginnen, sich selbst seelisch zu erfahren. Das bedeutet, dass in diesem Alter oft die spirituelle Suche nach dem Sinn des Lebens und der eigenen Person beginnt. Es ist eine Zeit der Veränderungen, des Wechsels. Es ist eine Zeit des Wachstums in jeder Hinsicht. Doch es handelt sich auch um einen Zeitraum des Abrechnens mit der Vergangenheit. Nicht umsonst wenden sich sehr viele Menschen in diesem Alter der Spiritualität zu.

Zwischen 30 und 40 Jahren vollzieht sich meist ein großer seelischer Wandel vom manipulierbaren Menschen zu einer eigenständigen Persönlichkeit.

Auch wenn dieser Wandel oft viele Jahre andauert, beginnt er bei den meisten von uns in diesem Alter. Wir beschäftigen uns daher verstärkt mit unserer Kindheit und Jugend. Viele Probleme, die wir manchmal jahrelang verdrängt haben, kommen wieder ins Bewusstsein. Wir erkennen, dass Eltern oder andere Personen im früheren Leben viel zu viel Einfluss auf uns genommen haben und wir unsere Seele nicht richtig leben durften. Wir fühlen uns daher in diesem Zeitraum nicht im Einklang mit uns selbst, sondern haben das Gefühl, mehr die Bedürfnisse und Forderungen Außenstehender befriedigt zu haben als die eigenen Seelen- und Lebensvorstellungen. Oft erkennen wir zu diesem Zeitpunkt, dass wir nicht den eigenen Lebensweg gegangen sind. Daher kommen auch oft die großen Veränderungen im Leben.

So positiv der Wandel hin zur eigenen Seele sein kann, so schwierig gestaltet er sich aber auch. Nicht jeder Mensch kommt ohne Probleme durch diesen Lebensumschwung. Manch einer schafft es auch nicht und zerbricht daran. Diese Gefahr besteht vor allem, wenn die betroffene Person extrem sensibel ist und massive Schwierigkeiten in der Kindheit und Jugendzeit hatte. Hier ist es sinnvoll, sich Hilfe von außen zu holen, doch viele Menschen versuchen, ihre Probleme erst einmal mit sich selbst zu lösen, was in einigen Fällen ein unverzeihlicher Fehler ist.

Ein Todesfall zwischen 30 und 40 hat oft mit dem Wandel des Seelenlebens zu tun.

Manchmal ist der Verstorbene an seinem eigenen Wandel »zerbrochen«. In anderen Fällen dient sein Abschied vor allem dem Wandel seines Partners. Doch auch die Eltern des Toten, sein Freundeskreis und andere Familienmitglieder werden durch den Tod zu einer Weiterentwicklung bewegt. Hat der Verstorbene eigene Kinder hinterlassen, dann wandelt sich deren Lebenserfahrung, je nach ihrem Alter zum Zeitpunkt des Todes, ganz erheblich. Durch den frühen Tod eines Elternteils erhält das Leben eines Kindes eine vollkommen andere Richtung. Der Tod der Mutter oder des Vaters wird ein lebenslanger Begleiter für es sein.

Kinder, die sehr früh einen Elternteil verlieren, können daran enorm wachsen, aber auch leicht auf Abwege des Lebens gelangen.

Wenn der Betroffene durch eine schwere, zehrende Krankheit aus dem Leben scheidet und bereits kleine Kinder hat, dann ist der Abschied von diesem Leben eher ein Kampf für ihn – ein Kampf auf Leben und Tod, ein Kampf um die eigenen Kinder. Wenn man jüngere Kinder hat, fällt das Gehen immer sehr schwer. Ungern möchte man die Kinder allein im Leben zurücklassen. Schließlich hatte man sich vorgenommen, seine Kinder vor allem Leid zu bewahren. Doch wenn der Lebensfaden dabei ist, zu reißen, dann muss man irgendwann loslassen und sich verabschieden, denn das eigene Leid wird durch den Kampf nur stärker. Ist der Krieg gegen die Krankheit bereits verloren, und hat der Körper kaum noch Kraft und Energie, dann verlängert man nur sein eigenes Leid, indem man am Leben und an den eigenen Kindern festhält.

Ein verlorenes Leben kann man nicht festhalten. Man kann sich lediglich in Frieden verabschieden.

Wenn man leben und den eigenen Seelenplan nicht für die spirituelle Entwicklung anderer opfern will, dann muss man frühzeitig mit dem wahren Leben beginnen, nicht erst, wenn man krank und schwach ist. Viel früher war der Mensch gefordert, doch er meinte immer, noch so viel Zeit zu haben …

Wir müssen jetzt und heute leben, nicht morgen, denn wer weiß schon, was das Morgen uns bringt.

Vielleicht ist unser Leben morgen bereits vorbei. Vielleicht existiert die Erde morgen nicht mehr, vielleicht sind wir morgen der einzige lebende Mensch auf Erden. Doch das ist völlig egal, denn heute ist unser Leben, immer nur heute.

Wenn Sie leben, dann denken Sie nicht an das Morgen. Sie leben und atmen jetzt in diesem Augenblick. Nutzen Sie diesen Augenblick, atmen Sie diesen Augenblick mit allen Sinnen tief in sich hinein, denn vielleicht ist es Ihr letzter Augenblick auf dieser Erde. Vielleicht ist in der nächsten Sekunde alles vorbei.

Begehen Sie nicht den Fehler, am Ende Ihrer Tage sagen zu müssen: »Ach, hätte ich nur dieses, hätte ich nur jenes gemacht!«

Leben Sie stets so, als wäre Ihr Leben morgen vorbei. Lassen Sie nichts offen, und verschieben Sie Dinge, die Ihnen wichtig sind, niemals auf morgen.

Sagen Sie den Menschen, die Sie lieben, wie wichtig sie Ihnen sind. Verteilen Sie Liebe und Positivität, und Ihr Leben wird nicht umsonst gewesen sein, egal, wie lange Sie am Ende auf Erden verweilten. Seien Sie ein Vorbild für andere, und lieben Sie das Leben, auch wenn es Trauer und Schmerz beinhaltet.

Zwischen 30 und 40 lernen wir unser Selbst endlich kennen, daher ist es besonders bitter, in dieser Phase bereits wieder gehen zu müssen. Seien Sie stark im Leben, egal, was Ihnen bisher widerfahren ist, egal, wie viel Schmerz und Leid Sie in der Vergangenheit erfahren haben. Sie sind stark, und Sie stehen mitten in Ihrem Leben. Kämpfen Sie um Ihren Wandel, wachsen Sie an Ihren Herausforderungen. Zerbrechen Sie nicht daran, denn ich weiß, dass Sie den Kampf gewinnen können. Jeder kann seinen Kampf gewinnen, wenn er dazu bereit ist.

Wenn Ihr Partner oder eine andere Ihnen nahestehende Person Sie verlassen musste, dann hadern Sie nicht mit Ihrem Schicksal. Ihr Partner musste seinen Weg gehen, auch wenn er von Ihrem abweichen musste. Dennoch liebt er Sie und wird Sie immer lieben. Das Leben geht manchmal seltsame Wege, doch wenn Sie bereit sind, Ihren Weg weiterzugehen, dann werden Sie auch an Ihr persönliches Ziel gelangen. Ihr Ziel war wohl nicht das Ziel Ihres Partners. Lassen Sie ihn daher in Frieden gehen. Klammern Sie sich nicht an ihn, denn Sie schaden ihm und sich selbst damit. Sein Leben geht nun im Jenseits weiter und Ihres hier auf Erden. Dennoch sind Sie beide auf immer miteinander verbunden.

Auch wenn Sie körperlich nicht mehr eins sind, kann Sie seelisch niemand trennen.

Wenn Sie bereit sind, sich auf Ihren Seelenweg einzulassen, dann werden Sie am Tod Ihres Partners wachsen. Sie werden sich verändern, Sie werden dadurch unendlich stark. Ihre Seele wächst nicht an den schönen Dingen, sie lebt dabei nur.

Ihre Seele wächst durch Leid und Schmerz, denn alles, was uns nicht umbringt, macht unsere Seele stark.

Es gibt furchtbare Schicksale, und dennoch gibt es immer Menschen, die noch viel schlimmeren Schmerz zu durchleben haben. Sie hatten eine Liebe, die Sie stark gemacht hat, die Sie getragen hat. Lassen Sie sich jetzt nicht fallen, denn diese Liebe kann Ihnen keiner nehmen. Diese Liebe ist die Ihre, auf immer und ewig. Sie ist Ihr Fels in der Brandung des ewigen Lebens.

Die Liebe des Lebens lässt sich durch nichts löschen, denn sie ist nicht menschlicher Natur. Sie ist göttlich.

Die Liebe Ihres Lebens ist eine Naturgewalt. Sie ist stärker als alles andere auf der Welt. Wahre, reine Liebe ist seelische Göttlichkeit. Sie ist der Himmel auf Erden. Und daher durchbricht sie auch die Grenze zwischen Jenseits und Diesseits. Sie ist das einzige Gefühl, das aus dem Jenseits auf Erden gelangen kann, denn andere Gefühle wie Neid und Hass sind menschlich und können diese Grenze nicht durchschreiten.

Lassen Sie die Liebe Ihres Lebens frei. Lassen Sie sie in Frieden und Liebe weiter ihrer Wege ziehen. Der Verstorbene und Ihre Liebe zu ihm werden Sie dennoch ein Leben lang begleiten, auch wenn Sie ihn nicht sehen. Er wird immer da sein, wo Sie sind. Er wird immer bei Ihnen sein. Er war Ihre Liebe, und er bleibt es. Niemand kann dies verhindern. Niemand kann dies zerstören.

Niemand kann Sie von der Liebe Ihres Lebens lösen.

Tod zwischen 40 und 60

> *Deine Zeit hätte noch nicht kommen dürfen, und dennoch war sie da.*

40 ist ein wunderbares Alter, wenn wir bereit sind, es zu akzeptieren. Mit 40 stehen wir in der Mitte unseres Lebens, wenn wir bereit sind, das Leben in Jahren voll und ganz auszuschöpfen. Wir haben bereits vieles erreicht, und einige Menschen haben auch sich selbst bereits gefunden. Sie haben erfahren, wer sie sind, ihnen ist klarer geworden, was sie vom Leben wollen und was sie nicht möchten.

Es ist ein Alter mit einem wichtigen Wendepunkt. Viele Menschen entdecken sich in diesem Alter neu. Sie fangen an, neue Wege zu gehen. Sie sind bereit für notwendige Veränderungen, für Neues. Es ist aber auch ein Alter der Herausforderungen, ein Alter, indem nach der Statistik unserer Lebenserwartung die Hälfte unseres Lebens vorbei ist. Manche Menschen wollen dies nicht akzeptieren. Sie wollen immer noch jung, körperlich hundertprozentig fit und mit den Vorzügen eines 20-Jährigen ausgestattet sein – ein Ding der Unmöglichkeit und auch völlig sinnlos, denn jedes Alter hat seine Vorzüge im Leben.

Wenn wir uns auf das Alter einlassen, dann beginnt nun die Phase im Leben, in der wir über uns selbst hinauswachsen können. Uns blockiert nun nicht mehr die Unerfahrenheit und Unsicherheit der Jugend und des jungen Erwachsenenlebens. Wir profitieren von allem, was wir gelernt haben, und gehören nun zu den vernünftigeren, überlegten Menschen. Zumindest sollte dies so sein. Ab 40 können wir anfangen, unsere Früchte zu ernten.

Viele haben in diesem Alter bereits ältere oder erwachsene Kinder, sodass auch hier der Stress zurückgeht und sich der Mensch mehr auf sich selbst konzentrieren kann. Andere, die erst später begonnen haben, haben nun die Familienplanung abgeschlossen. Trotzdem ist man körperlich noch fit und aktiv – eigentlich eine wundervolle Zeit, doch nicht jeder nimmt diese Zeit als Bereicherung seines Lebens wahr.

Manche Menschen sehen diese Zeit eher als Qual und leben mehr schlecht als recht. Andere wiederum beenden in diesem Alter ihr Dasein durch den Tod.

Zwischen 40 und 60 nehmen Seelen gerne eine Krankheit als »Notausstieg« aus dem Leben.

So wie das Alter ein häufiger Wendepunkt für das Weiterleben ist, so wendet eine mit ihren Plänen gescheiterte Seele sich in dieser Altersgruppe auch oft dem Tod zu. Dies betrifft vor allem Menschen, die bereits seit Jahren mit Frust, Ängsten, Sorgen, Verzweiflung oder sogar Depressionen durchs Leben gehen. Dies betrifft Menschen, die in Wirklichkeit bereits seit Jahren aufgehört haben, wahrhaftig und authentisch zu leben.

Menschen, die in jungen Jahren ihre Liebe zum Leben verlieren, beenden zwischen 40 und 60 oft ihr andauerndes Unglück.

Es sind Menschen, die vergessen haben, was das Leben an sich bedeutet, die nicht wissen, was Glück und Freude sind. Und wenn sie es einmal kurzfristig spüren, dann schätzen sie diesen Zustand nicht, denn ihre Probleme und Schwierigkeiten ziehen sie jedes Mal wieder hinunter. So leben sie zwar jahrelang ihr Leben, aber glücklich sind sie dabei nicht. Ganz im Gegenteil: Sie wandeln, wie energetisch abgeschnitten, von einem Tag zum nächsten, von einem Monat zum nächsten und verpassen so Jahre der Freude, bis dann eines Tages das Schicksal eingreift und sie für immer von ihrem selbst erschaffenen Unglück erlöst.

Diese Menschen sind wirklich zu bedauern, denn abgesehen davon, dass sie zu früh aus dem Leben scheiden, haben sie auch Jahre davor nichts von diesem Leben gehabt.

Vielleicht ist der Tod eine Erlösung für diese Menschen, aber er hinterlässt dennoch Leid.

Denn die Angehörigen verlieren jemanden, der ihnen wichtig war. Auch wenn dieser Mensch keine Freude an seinem Leben hatte, war er jemand, den sie gekannt haben. Er war jemand, den sie geliebt haben, und er ist jemand, den sie vermissen.

Wenn jemand zwischen 40 und 60 stirbt, dann gibt es in den meisten Fällen Kinder, die seinen Verlust beklagen. Manchmal haben diese Kinder bereits wieder Kinder. Und selbst wenn diese zu jung sind, um den Tod als solches zu erfassen, verlieren sie einen Großelternteil. Entwicklungstechnisch gesehen schlimmer ist jedoch, dass die jungen Eltern auf einen ihrer Elternteile verzichten müssen. Denn in dieser Phase sind Großeltern gerne da, um die Kinder mit ihrer Erfahrung zu unterstützen. Sind die Enkelkinder frisch auf der Welt, stehen die Großeltern den jungen Eltern mit Hilfe und Rat zur Seite und sind daher eine große Stütze. Durch den Tod fällt also ein wichtiger Eckpfeiler plötzlich weg. Der hinterbliebene trauernde Ehepartner, wenn es ihn denn gibt, hat nach dem Tod seines Partners eigene Sorgen und andere Probleme, als seinen Kindern mit den Enkelkindern zu helfen. So kommt es manchmal bei den hinterbliebenen Kindern zu massiven Veränderungen durch den Tod eines Elternteils.

Junge Eltern, die gerade selbst Kinder bekommen haben, werden durch den Tod eines Elternteils völlig aus ihrer heilen Welt gerissen.

Denn die Geburt eines Kindes ist etwas Schönes, was durch den Tod gedämpft wird. Anstatt die Ankunft eines neuen Familienangehörigen genießen und zelebrieren zu können, müssen sich dann die Eltern auch mit dem Verlust und Abschied auseinandersetzen.

In vielen Familien stirbt jemand, wenn ein neuer Erdenbürger geboren wird.

Dadurch bleibt die Anzahl der Familienmitglieder im Gleichgewicht. Manche Eltern fragen sich, ob der Angehörige nur gehen musste, weil sie selbst ein Kind bekommen haben. Doch diese Frage führt in Wirklichkeit zu nichts, denn Menschen sterben niemals ohne Grund und einfach nur so. Jeder Tod hat seine Geschichte, und jeder Tod hat seinen Grund. Nur weil ein Baby geboren wird, muss nicht zwangsläufig jemand gehen.

Kommt ein neuer Erdenbürger an, verabschiedet sich eine Seele manchmal leichter.

Die Seele, die den Tod wählt, weiß, dass nun eine neue Aufgabe für ihre Angehörigen begonnen hat. Sie weiß, dass das neugeborene Baby für den Verlust entschädigen kann. Dadurch fällt ihr der Abschied leichter, und sie kann leichter für immer gehen.

Wir können im Leben nicht alles auf einmal haben. Und oft muss etwas aus unserem Leben gehen, damit etwas Neues und Schönes beginnen kann. Genauso ist es mit unserer Familie. Manchmal muss ein geliebter Angehöriger Platz für ein neues Wesen machen. Dies wird er gerne tun, denn, wie bereits gesagt, sind es oft Wesen, die in dieser Phase gehen, deren Leben aus eigenem Antrieb nie wieder ins Lot gekommen wäre. Der richtige Lebensweg wurde bereits vor zu vielen Jahren für immer verlassen.

Je weiter man sich vom eigenen Lebensweg entfernt hat, desto geringer ist die Wahrscheinlichkeit, dass man es schafft, zurückzukehren.

Aus diesem Grund sehen die Seelen, die für den Nachwuchs gehen, dies nicht als Verlust, sondern als Gewinn – als Erlösung – an. Nur wir, die wir weiterleben, meinen, dass ihr Tod eine Tragödie wäre. Wir meinen, dass derjenige unendlich viel verloren hätte. Doch das hat er in Wirklichkeit nicht.

**Wir haben unendlich viel verloren,
der Tote im eigentlichen Sinne jedoch nicht.**

Denn wenn er vergessen hat, wie das Leben zu leben ist, dann ist der Verlust des Lebens nur eine Erlösung. Der Tod mag dann Hilfe zum Aufwachen sein. Denn was bringt ein Leben, das nicht im Sinne der Seele geführt wird, das völlig an seinem Ziel vorbeiführt? Wozu muss man dieses Leben zwanghaft weiterführen, wenn der Tod einen davon befreien und man eines fernen Tages einen neuen Start beginnen kann?

**Manchmal ist es besser, etwas zu beenden,
das nicht gut und richtig ist,
als ewig in der Qual zu bleiben.**

»Lieber ein Ende mit Schrecken als ein Schrecken ohne Ende«, sagt ein bekanntes Sprichwort. Darin liegt viel Wahrheit, denn ein schreckliches Leben ist schrecklicher als der Tod. Dies ist selbstverständlich keine Einladung dazu, sein Leben wegzuwerfen. Ganz im Gegenteil: Ich kann nur jedem nahelegen, dieses Leben zu nutzen, dieses Leben zu zelebrieren, dieses Leben zu lieben und im wahren Sinne seines Selbst zu leben. Denn tun wir dies nicht, mag der Tod als eine kurzfristige Erlösung von einem schmerzhaften Dasein erscheinen, aber er löst unsere Probleme nicht auf Dauer. Denn unsere Seele wollte einen bestimmten Schritt vollziehen, und dieses Ziel wird sie auch nach wie vor mit aller Macht verfolgen. Einfacher werden die Bedingungen für uns sicher nicht. Lernen wir die Lektion nicht unter einfachen Bedingungen, dann werden wir eben durch eine Verschärfung der Umstände zum Lernen gezwungen.

Die Seele sorgt für unseren Fortschritt. Wir können lediglich die Mittel beeinflussen, mit denen wir lernen.

Wir, die Hinterbliebenen, können nichts tun, damit andere dies verstehen. Das Einzige, was wir tun können, ist, dass wir es selbst verstehen. Wir können andere Menschen nicht ändern oder zu ihrem Glück zwingen. Wenn sie ihre Lektion nicht verstehen, dann müssen wir bei ihrem Leid zusehen. Man muss andere Menschen manchmal in den Tod gehen lassen, denn je mehr wir versuchen, sie festzuhalten, desto mehr entschwinden sie uns. Wir können daher nur Vorbild sein. Aber wir können andere Menschen niemals ändern.

Zeigen Sie anderen, was es bedeutet, richtig zu leben. Zeigen Sie Ihre Freude und Ihr Glück.

Nehmen Sie alles an, was das Leben für Sie bereithält. Nicht alles geschieht wegen Ihnen. Manche Dinge geschehen auch wegen anderer Seelen. Nehmen Sie es an, und lernen Sie, das Leben zu nehmen, wie es ist. Auch wenn es manchmal schmerzhaft ist, gibt uns das Leben unendlich viel, wenn wir es nur sehen. Es bereichert uns, doch manche Menschen sehen nur den Verlust. Wir sind hier und müssen leben, mit den Menschen, die wir lieben, ebenso wie ohne sie. Das ist unsere Aufgabe. Das ist unsere Bestimmung. Nur weil jemand geht, den wir lieben, dürfen wir nicht vergessen, was es heißt, zu leben. Wir dürfen niemals vergessen, was es heißt, zu atmen, zu fühlen und zu spüren.

Vergessen Sie niemals, zu leben und zu lieben, denn sonst vergessen Sie den Grund Ihrer Existenz.

Tod zwischen 60 und 70

Dein Leben hätte nun ruhiger werden sollen, doch nun bist du in die ewige Ruhe vorausgegangen.

Für junge Menschen ist man mit 60 schon alt. Doch wenn man mitten im Leben steht, dann verändern sich die Anschauungspunkte. Dann ist 60 nicht mehr so weit weg, und man erwartet, älter zu werden.

Wann ist das »richtige« Alter, um zu sterben? Das ist sicher nicht einfach zu definieren, doch ich denke, alles, was über 70 ist, können wir akzeptieren, und alles, was über 80 ist, zeigt, dass die Person ihr Leben gut ausgeschöpft hat. Es gibt zwar auch wenige Menschen, die mit über 80 sterben und dennoch boshaft und unglücklich waren, doch das sind sicher die Ausnahmen, die die Regel bestätigen.

Doch zwischen 60 und 70 Jahren sollte unser Leben noch nicht zu Ende sein. Schließlich handelt es sich dabei um das Alter, in dem wir erst in den Ruhestand eintreten. Es ist das Alter, in dem wir uns endlich etwas ausruhen können und uns auf uns selbst konzentrieren dürfen. Jahrelang haben wir hart gearbeitet, und nun würde die Phase des Erholens beginnen, die Phase, in der wir Zeit haben für Dinge, die wir immer wieder auf die lange Bank geschoben haben. Lange Reisen gehören beispielsweise dazu, aber auch Zeit für unsere Enkelkinder.

Eigentlich beginnt in diesem Alter die Phase, in der wir alles ruhiger angehen lassen können. Doch nicht jeder erhält die Chance dazu. Denn zwischen 60 und 70 rächen sich oft unsere jahrelangen Sünden an Körper, Geist und Seele. Haben wir jahrelang vieles falsch gemacht, dann spielt der Körper manchmal in dieser Lebensphase einfach nicht mehr mit. Dann fängt er an, zu streiken, und die Gesundheit und Kraft verlassen uns auf einmal.

Manche Menschen werden in diesem Alter zur Ruhe gezwungen.

Körperliche Ausbeutung und Raubbau über viele Jahre kommen spätestens in diesem Alter zum Vorschein. Je nachdem, wie ausgeprägt der falsche Umgang mit dem eigenen Leben war, sind die Probleme unterschiedlich stark ausgeprägt. Den meisten Menschen fällt es dabei schwer, sich ausreichend zu ändern. Denn die Routine der Menschen ist oft zu sehr eingefahren, als dass neue Wege gegangen werden können.

Wenn jemand in diesem Alter stirbt, sind seine Kinder in der Regel bereits erwachsen. Oft gibt es auch Enkelkinder, die in jungen Jahren das erste Mal mit dem Tod konfrontiert werden. Kinder macht es sehr traurig, wenn die geliebte Oma oder der geliebte Opa sie für immer verlässt. Doch in den meisten Familien müssen Kinder auf einen oder zwei Großelternteile bereits in jungen Jahren verzichten. Manchmal sind die Kinder beim Tod eines Großelternteils noch zu jung, um alles richtig mitzubekommen, doch wenn ein Großelternteil im Alter zwischen 60 und 70 geht, sind die Enkelkinder meist schon etwas älter. Sie lernen daher, was es bedeutet, jemanden zu verlieren, den Sie geliebt haben, und sie lernen auch, mit der Trauer ihrer Eltern umzugehen.

Wenn die eigenen Eltern sterben, ist das immer ein einschneidendes Erlebnis, das verarbeitet werden muss, egal, wie alt die Eltern waren. Die Enkelkinder lernen daher am Tod der Großeltern, dass die eigenen Eltern nicht immer nur stark und unbesiegbar sind, sondern dass sie ebenfalls verletzlich sind.

Kinder lernen durch den Tod der Großeltern die Verletzlichkeit ihrer eigenen Eltern kennen.

Es fällt uns schwer, den Tod zu akzeptieren, wenn wir der Meinung sind, dass derjenige noch Jahre hätte leben können, wenn die Umstände andere gewesen wären. Je früher ein Mensch stirbt, desto schlimmer ist der Tod für uns, desto unbegreiflicher, desto einschneidender. Doch auch bei einem Tod mit Mitte 60 werden wir um etwa 20 Jahre mit einem Menschen beraubt, den wir liebten. 20 Jahre sind eine lange Zeit. Vieles hätte man in diesen Jahren erleben, vieles besprechen, vieles korrigieren können.

20 Jahre Leben scheint wie eine endlose Zeit. Es sind 20 Sommer, 20 Winter, 20 Geburtstage, 20 Weihnachten. All dies verpassen wir an gemeinsamer Zeit, wenn ein Mensch mit Mitte 60 uns verlässt.

Auch wenn die 60 erreicht wurden, bringt uns der Tod Verlust und Leid.

Diese 20 Jahre, die uns dann mit dem Menschen fehlen, können durch nichts ersetzt werden. Unser Leben geht weiter, doch der Platz, den der Verstorbene hinterlässt, bleibt leer. Dieser Platz ist wie ein Loch in unserem Leben und lässt sich mit nichts füllen. Besonders hart trifft es die erwachsenen Kinder. Denn ihre Eltern waren ein Leben lang da. Sie haben ihnen das Leben geschenkt und ihnen die Welt gezeigt. Auch wenn man bereits viele Jahre lang erwachsen ist, sind die eigenen Eltern immer ein wichtiger Teil im Leben.

Plötzlich fehlt ein Elternteil, und es stellt sich die Frage: Was wäre, wenn derjenige älter geworden wäre? Wie hätte er sich verändert? Wie gesund wäre er geblieben, oder wie pflegebedürftig wäre er geworden? Wie abhängig von seinen Kindern wäre er geworden? Man stellt sich die Frage, wie innig das Verhältnis später geworden wäre, wie schön und intensiv? Doch auf all diese Fragen gibt es durch den vorzeitigen Tod eines Elternteils keine Antworten mehr. Man kann lediglich spekulieren.

Der Tod verändert unser Leben wie nichts anderes auf der Welt.

Alles, was vor dem Tod war, wird danach nie wieder so sein. Der Tod beeinflusst uns. Er zwingt uns oftmals zu unserem Glück, auch wenn wir es im Moment des Todes nicht erkennen können und auch nicht sehen wollen. Auch wenn wir einen unserer Elternteile »erst« verlieren, wenn er Mitte 60 ist, stellt sein Tod einen Wendepunkt in unserem Leben dar.

Durch den Tod eines Elternteils – egal, in welchem Alter wir sind – verlieren wir die Hälfte unserer Kindheit.

Der Tod eines Elternteils löscht in manchen Fällen die Hälfte der Informationen zu uns selbst. Wenn beide Eltern verstorben sind, können wir nur noch auf unser eigenes Wissen zurückgreifen, es sei denn, es leben noch andere Verwandte, die über die gleichen Informationen verfügen. Doch ansonsten geht durch den Tod eines Elternteils ein Teil des Wissens über uns selbst für immer verloren.

Wenn ein Elternteil stirbt, dann geht jemand, der sich um uns sorgt. Es geht jemand, der uns Ratschläge erteilt, oder jemand, der uns sagt, was wir alles besser machen können. Wenn ein Elternteil stirbt, sind wir plötzlich zur Hälfte Elternteil, auch wenn wir vielleicht keine Kinder haben. Wenn wir beide Elternteile und alle Großeltern verloren haben, gibt es niemanden, der uns nach wie vor als Kind behandelt. Mit dem Tod beider Eltern stirbt der Rest unseres Kindseins. Der Tod zwingt uns dann, erwachsen und reif zu werden. Er führt uns in die nächste Ebene. Er ändert unseren Familienstatus für immer und ewig. Nie wieder werden wir dann Kind sein. Zumindest nicht in diesem Leben.

Durch den Tod beider Eltern verlieren wir den Status des Kindseins. Wir verlieren einen Teil unserer Unbeschwertheit.

Es ist immer traurig, wenn jemand stirbt, denn wir werden denjenigen vermissen. War derjenige bereits 90 Jahre alt oder älter, dann erwarten wir jedoch seinen Tod. Wir rechnen fast jeden Tag damit und freuen uns über jeden Tag, über jeden Monat und jedes Jahr, in dem der Mensch uns noch erhalten bleibt. Wir können es akzeptieren, dass der Tod eines Tages kommen muss. Dennoch wird er uns traurig machen. Doch wir wünschen uns viel mehr Zeit mit einem Menschen, wenn er noch keine 90 Jahre alt ist. Wir erwarten, dass es noch ewig dauert, bis wir uns von demjenigen verabschieden müssen. Doch nicht immer hat das Schicksal dafür Verständnis. Nicht immer wird diesem menschlichen Wunsch entsprochen.

Es gibt unendlich viele Gründe, früh zu sterben, und nur einen einzigen, um lange zu leben.

Lieben Sie daher das Leben, und leben Sie es jeden Tag mit großer Intensität, mit aller Verantwortung für Sie und die Menschen, die Sie lieben, und einem Bewusstsein für das Glück, das Ihnen durch das Leben zuteilwird.

Das Leben ist ein Schatz, den jeder von uns hüten sollte. Schließlich leben wir jedes einzelne Leben nur genau einmal in dieser Konstellation. Auch wenn wir wiedergeboren werden, wird das neue Leben niemals gleich sein wie das alte. Es wird ein anderes Leben sein, mit anderen Menschen um uns herum, mit anderen Schicksalsschlägen, Aufgaben und Prüfungen.

Unser jetziges Leben ist das einzige, das wir genau so haben. Werfen Sie es deshalb niemals einfach so weg.

Jedes Leben ist kostbar. Vergessen Sie das niemals. Auch wenn jemand gestorben ist, den Sie liebten, ist Ihr Leben wichtig und richtig für Sie. Es ist ein Geschenk Ihrer Seele. Es ist der Wunsch Ihrer Seele, dass Sie dieses Leben genau so leben, wie es ist. Ihre Seele erwartet, dass Sie das verstehen. Sie erwartet, dass Sie nicht aufgeben, nicht gestern, nicht heute und auch nicht morgen. Egal, was geschieht, Sie leben hier und jetzt, und Sie haben die Verantwortung für Ihre Seele, für Ihren Körper und für die Menschen, die Sie lieben. Auch wenn einer von ihnen gehen musste, sind noch andere da, die Sie brauchen. Es sind andere da, die auf Sie zählen, die Sie lieben und die mit Ihnen dieses Leben teilen.

Wir sind niemals allein.
Wir sind Teil eines großen Ganzen.
Wir sind Teil unseres eigenen Seelenplans.

Nicht die Menschen, die noch mit uns leben, sind entscheidend für die Erfüllung unseres Seelenplans, oder diejenigen, die nicht mehr unter uns weilen, sondern wir selbst sind entscheidend. Wir sind hier auf Erden, weil es unsere Aufgabe ist, zu leben. Wenn wir erst einmal geboren wurden und erfahren haben, wer wir sind, benötigen wir dazu niemanden. Halten Sie sich nicht an einzelnen Dingen oder einzelnen Menschen fest. Denn in Wirklichkeit existiert nichts außer Ihnen selbst. Sie sind alles, was ist. Sie sind Ihr Leben. Sie selbst sind alles, was Sie zum Leben brauchen.

Sie sind das Leben und das Einzige, was in Ihrem Leben für Ihre Seele zählt.

Tod vor dem eigentlichen Leben

Wie ein Schatten kamst du in mein Leben und bist wieder verschwunden, bevor ich dich kennenlernen konnte.

Es gibt Seelen, die existieren kurze Zeit in unserer Welt, werden jedoch nie lebend geboren. Sie sind hier, doch bevor wir sie richtig fassen können, gehen sie auch wieder. Sie sind wie ein Schatten, der unser Leben streift, wie ein Hauch, der uns berührt, ohne dass wir ihn festhalten könnten. Diese Seelen sind Sterne, die untergehen, bevor sie richtig strahlen können.

Sternenkinder sind Seelen, die einen tiefen Eindruck im Leben ihrer Eltern hinterlassen.

Es gibt so viele Sternenkinder, so viele Seelen, die uns in unserem Innersten berühren, ohne dass wir sie wirklich fassen können. Es sind Kinder, die sich entscheiden, noch vor ihrer Geburt in dieses Leben wieder zu gehen. Sie sterben, bevor sie überhaupt geboren werden. Sie leben nie wirklich und wahrhaftig. Sie sind nur ein Traum, ein Wunsch, ein kleines Geschenk, das den Eltern entrissen wird, bevor sie seiner richtig gewahr werden können.

Durch den Tod einer Sternenseele stirbt der Traum von der Zukunft.

Auf einmal ist alles anders. Auf einmal ist die Zukunft eine ganz andere. Anstatt sich auf das neue Leben freuen zu können, müssen sich die Eltern mit Sterben und Abschied beschäftigen. Statt Geburt erleben die Eltern den Tod. Mutter und Vater erleben einen unwiederbringlichen Verlust. Ihre Vorstellung vom Elternsein ist zugrunde gegangen, bevor sie sie ausgeformt hatten. Einige Wochen oder Monate lang waren sie Mutter oder Vater, und dann ist die Seifenblase auf einmal geplatzt. Dann ist ihr Traum von einem Kind gestorben, bevor sie ihn überhaupt richtig leben konnten, bevor sie eine »richtige« Mutter oder ein »richtiger« Vater waren, mit einem Kind im Arm, mit einem Baby in der

Wiege, mit einem Wesen, das die eigene Zukunft verkörperte. Das Baby ist gegangen, ohne dass sie es fassen konnte. Das Baby hat die Eltern verlassen, ohne dass es atmen, schreien oder auf das Streicheln der Eltern reagieren konnte. Der Arm ist leer, die Wiege ist verlassen und die Zukunft als Mama und Papa kaputt. Das Herz der Eltern ist vereinsamt, der Geist der Eltern fühlt sich betrogen, sie fühlen sich verlassen.

Auch wenn es nie geatmet hat,
auch wenn es nie geschrien oder gelächelt hat,
ist das Kind dennoch Ihr Kind.
Es ist dennoch Teil Ihrer Familie,
dennoch ein Teil Ihres Selbst.

Der Schmerz über den Verlust eines solchen Kindes ist unbeschreiblich. Er gräbt sich tief in die Seele hinein. Diese Art von Schmerz ist unendlich und macht einsam. Er trennt die Eltern vom Rest der Welt.

Nicht jeder wusste von der Schwangerschaft, nicht jeder wusste von dem Traum, der auf einmal nicht mehr existiert. Nicht jeder versteht, dass es genauso schmerzhaft sein kann, ein ungeborenes Baby zu verlieren, wie wenn ein älteres Kind stirbt. Denn es war Ihr Kind. Es war Ihre Hoffnung. Es war Ihr geliebtes kleines Baby. Doch die Umgebung hatte sich nicht mit diesem Baby beschäftigt. Vielleicht wusste sie nicht einmal davon. Und wenn die Mitmenschen von dem ungeborenen Leben wussten, dann war es für sie dennoch »nur« das Baby im Bauch der Mutter. Für die meisten war es noch keine Person. Erst nach der Geburt wäre es

Teil der Umgebung geworden. Erst nach der Geburt hätten die Mitmenschen dieses Baby richtig wahrgenommen. Erst danach hätten die anderen Menschen dieses Baby als Teil des Lebens gesehen.

Für Sie als Eltern hat das Baby bereits gelebt und begonnen, zu existieren, als es in den Bauch der Mutter »eingezogen« ist.

Es war bereits Teil Ihres Lebens. Es war da, und es ist gewachsen. Sie haben es durch den Bauch gestreichelt, Sie haben durch den Bauch mit ihm gesprochen, und Sie haben es durch den Bauch geliebt. Das Baby war Teil Ihres Lebens, denn es war jeden Tag da. Sie konnten und wollten es nicht ignorieren. Jeden Tag ist es ein kleines bisschen gewachsen. Irgendwann haben Sie vielleicht auch seine Bewegungen gespürt, seinen Austausch mit der Umgebung. Das Baby hat für Sie als Eltern schon gelebt und war Teil Ihrer Welt.

Doch für die anderen Menschen war es »nur« ein gerundeter Bauch. Für die anderen Menschen war es »nur« eine Schwangerschaft. Es war »nur« ein Zukunftswesen, aber nicht wirklich real. Daher trauert auch niemand so sehr um dieses engelhafte Wesen wie seine Eltern und vielleicht Großeltern und Geschwister.

Babys, die gehen, bevor sie das Licht der Welt erblicken, sind göttliche und engelhafte Seelen.

Sie sorgen für Veränderungen und Entwicklungen der verlassenen Eltern. Sie kommen kurz ins menschliche Bewusstsein und gehen dann einfach wieder, scheinbar ohne Sinn. Sie sorgen für Wachstum, auch wenn die Eltern erst einmal völlig am Boden zerstört sind, auch wenn die Eltern erst einmal die Welt nicht mehr verstehen. Sternenkinder haben ihre Aufgabe und erfüllen sie in der kurzen Zeit ihrer Existenz auf Erden – auch wenn diese nur im Mutterleib stattfindet. Sie haben ihre Daseinsberechtigung, denn sie dienen einem höheren Zweck.

Nicht jedes Paar ist hier auf Erden, um die Elternschaft zu leben. Nicht jedes Kind muss geboren werden, um das Leben seiner Eltern nachhaltig zu verändern. Nicht jedes Kind muss leben, um das Leben zahlreicher Menschen für immer zu beeinflussen. Manche Menschen sind nicht dazu bestimmt, überhaupt Kinder zu bekommen, und andere keine weiteren. Dies ist eine Tatsache, die schwer zu akzeptieren ist, die jedoch Teil des Seelenlebens sein kann.

Wenn ein Paar keine Kinder bekommen kann, heißt das nicht, dass es keine Kinder verdient hätte. Es bedeutet lediglich, dass der Seelenweg der beiden Partner ein Leben ohne Kinder für sie vorsieht.

Sie sind deswegen nicht schlechter als Menschen, die Eltern sind. Es gehört nur einfach nicht zu ihren Aufgaben, selbst ein Kind auf die Welt zu bringen. Vielleicht sollen sie stattdessen lernen, andere Kinder zu lieben und einem bereits geborenen Kind einen guten Platz im Leben geben, indem sie es adoptieren. Vielleicht sollen sie aber auch einfach keine Eltern sein.

Kinder sind eine ganz besondere Lebensaufgabe. Aber wir können auch ein erfülltes und reiches Leben ohne Kinder haben.

Wir müssen nicht Mütter und Väter sein, um »richtige« Menschen zu werden. Wir müssen unseren Weg im Leben gehen. Unsere Kinder begleiten uns eine ganze Zeit, und sie werden auch immer unsere Kinder bleiben, solange wir leben. Aber wir müssen sie gehen lassen, damit sie ihre eigenen Wege finden. Wenn wir Kinder haben, werden wir immer Eltern sein. Doch irgendwann kommt die Zeit, in der unsere Kinder vielleicht selbst Eltern werden. Damit übernehmen wir eine andere Stellung im Leben unserer Kinder. Wir müssen alle lernen, ohne unsere Kinder zu leben, denn sie gehören uns nicht. Wir dürfen sie niemals auf ewig an uns binden. Kinder brauchen Liebe, doch wir können auch anderen Menschen, Dingen und Wesen auf Erden unsere Liebe geben.

Wir können auch ohne eigene leibliche Kinder Eltern sein. Es gibt so viele Aufgaben im Leben, die die Verantwortung und Liebe der Elternschaft benötigen.

Ein Leben ohne Kinder ist kein armes Leben. Es ist nur ein anderes. Es ist genauso lebenswert, genauso wichtig und genauso erfüllend wie ein Leben mit eigenen Kindern.

Nur weil ein Baby vor seiner Geburt von Ihnen gegangen ist, sind Sie nicht schlechter als jede andere Mutter oder jeder andere Vater. Das Baby ist nicht gegangen, weil Sie nicht gut genug waren.

Es ist nicht gegangen, weil Sie ihm als Elternteil nicht gefallen haben. Es ist gegangen, weil es Ihnen Liebe und Entwicklung schenken wollte. Es ist gegangen, weil es ein höheres Ziel verfolgt hat. Es ist gegangen, damit Sie Ihren Seelenweg beschreiten können. Die Seele des Babys hat Sie so sehr geliebt, dass sie Ihnen diesen Dienst erwiesen hat, dass sie sich nur für Sie auf diese Welt eingelassen hat. Sie war da, um Ihnen etwas zu geben. Sie war da, um Ihr Leben zu bereichern, auch wenn Sie meinen, dass Ihr Leben nun ärmer wäre als zuvor.

Die Seele des Babys war da, um Ihnen das Geschenk Ihres richtigen Lebens zu geben.

Nun ist die Seele zurückgegangen an den Ort, an dem alle Seelen verweilen, wenn sie nicht auf Erden sind. Sie mögen Ihr Kind nicht physisch im Arm halten können, aber Sie können es auf ewig in Ihrem Herzen behalten. Sie mögen es nicht mehr ansehen können, aber Sie sehen es auf ewig vor Ihrem inneren Auge. Sie mögen es nicht streicheln können, aber seine Energie ist auf ewig mit der Ihren verbunden. Sie mögen es nicht erziehen und beim Aufwachsen begleiten können, aber Sie werden seiner seelischen Entwicklung gewahr werden können, denn Sie und Ihr Kind sind nun miteinander verbunden bis ans Ende der Zeit.

Die Seele eines Sternenkindes kam mit Liebe zu Ihnen. Lassen Sie die kleine Seele nun auch mit Liebe wieder gehen.

Warum stirbt jemand, bevor er alt ist? – Fallbeispiele

Die folgenden Ausführungen sind lediglich als Anhaltspunkte gedacht. Jeder Mensch hat ein ganz individuelles Leben, das keinem anderen Leben gleicht. Daher gibt es auch bei jedem Todesfall eine ganz individuelle Erklärung aus spiritueller und seelischer Sicht, warum er geschehen ist. Aus diesem Grund ist es möglich, dass die Umstände des Todes Ihres Angehörigen etwas ganz anderes ausdrücken wollen als dies in den folgenden Beispielen beschrieben ist. Eine genaue Erklärung des Entwicklungswegs kann nur bei individuellen Beratungsgesprächen, bei denen offen über sämtliche Lebensumstände gesprochen wird, gefunden werden.

Tod durch Krankheit

Franz war Mitte 50, als er wegen Magenbeschwerden einen Arzt aufsuchte. Dieser führte einige Blut- und Ultraschalluntersuchungen durch und veranlasste daraufhin eine Kernspintomographie des Oberbauchs. Am darauffolgenden Tag erklärte der Arzt Franz, dass mit seiner Bauchspeicheldrüse etwas nicht stimmte und er umgehend in eine Klinik gehen sollte. Nach einer Woche Krankenhausaufenthalt und vielen Untersuchungen eröffneten die Ärzte Franz, dass er nur noch ein halbes Jahr zu leben habe. Sie boten ihm Chemotherapie an, doch Franz wollte davon nichts wissen. Geschockt von der Diagnose ging Franz nach Hause und sinnierte über sein Leben.

Vorgeschichte

Als Kind hatte Franz immer Ärger mit seinem Vater. Er konnte es ihm nie recht machen. Egal, wie sehr er sich anstrengte, es war niemals genug. Nach dem Schulabschluss zog Franz früh von zu Hause aus, nur um vom tyrannischen Vater wegzukommen. Er absolvierte ein Studium zum Ingenieur und war sehr fleißig. Er arbeitete hart und sparte Geld, schließlich wollte er später ein gutes Leben führen. Mit 23 lernte er Dorothea auf einem Fest kennen und verliebte sich unsterblich in die junge Frau. Er umschwärmte sie, und auch Dorothea war von Franz sehr angetan, sodass beide nach einigen Monaten beschlossen, zu heiraten. Seine Eltern lud Franz nicht zu seiner Hochzeit ein. Er schrieb lediglich einen Brief an seine Mutter.

Die ersten paar Jahre waren die beiden sehr glücklich. Franz arbeitete wie besessen, und auch Dorothea war fleißig in ihrem Beruf als Schneiderin. Als sich beide endlich eine größere Wohnung leisten konnten, begannen sie mit der Familienplanung. Dorothea wurde schwanger, und sie bekamen einen Sohn. Michael war der Liebling seiner Eltern und ein absolutes Wunschkind. Doch einige Monate nach der Geburt ihres Kindes gingen die Vorstellungen von Franz und Dorothea deutlich auseinander. Dorothea fiel die Decke auf den Kopf, und sie wollte unbedingt als Schneiderin weiterarbeiten. Franz wollte jedoch, dass Dorothea sich nur noch um Michael kümmerte. Er war der Meinung, dass ein Kind genau das bräuchte. Heimlich nähte Dorothea zu Hause, doch Franz fand es heraus. Es kam zu einem schlimmen Streit. Franz fühlte sich verraten und betrogen, und Dorothea fühlte sich bevormundet. Beide Partner fühlten sich unverstanden, und jeder beharrte auf seiner Sicht der Dinge. Dorothea fühlte sich tief von Franz verletzt und entzog sich ihm immer mehr. Franz suchte daraufhin Abwechslung in fremden Betten. Die Ehe war kaputt, aber wegen Michael blieben Franz und Dorothea zusammen.

Dorothea zog sich immer mehr zurück und litt unter starken Depressionen. Franz stürzte sich in seine Arbeit und ging so viel wie möglich aus. Alkohol und andere Frauen lenkten ihn von seiner unglücklichen Ehe ab. Die beiden stritten viel, und oft genug flogen Tassen und andere Gegenstände durch die Wohnung. Franz war ein sehr strenger Vater und ließ seinen unterbewussten Frust auch oft an Michael aus. Genau genommen verhielt er sich nicht sehr viel besser, als sein eigener Vater es einst getan hatte. So kam es, dass auch Michael es nicht lange zu Hause aushielt und im Alter von 18 Jahren aus der elterlichen Wohnung auszog. Kurz darauf trennten sich Dorothea und Franz. Ihre Scheidung glich einer Schlacht. Jeder beharrte auf seinem Recht, und Franz trank in dieser Zeit oft zu viel Alkohol.

Wenn Franz seinen Sohn traf, meckerte er die meiste Zeit an ihm herum. Michael machte seiner Ansicht nach alles falsch, und so stritten die beiden oft. Michael litt sehr unter der Situation. Als er seinem Vater Marie vorstellte, ein Mädchen, mit dem er gedachte, sein Leben zu verbringen, und Franz Marie aus Eifersucht ablehnte, eskalierte die Situation völlig. Franz beschimpfte Marie, und Michael schrie seinem Vater seinen über Jahre angestauten Frust ins Gesicht. Danach verschwand er aus Franz' Leben.

Franz litt sehr unter der Trennung von seinem Sohn. Doch aus Stolz war er nicht in der Lage, Michael zu kontaktieren. So vergingen Jahre, in denen er stark unter der Trennung von Michael litt. Es war ihm nicht einmal bewusst, dass sich zwischen Michael und ihm die gleiche Situation abgespielt hatte, wie er sie einst mit seinem eigenen Vater erlebt hatte. Den einzigen Zuspruch fand er im Alkohol. Durch das Trinken verlor er seinen Beruf, was ihn nur dazu brachte, noch mehr zu trinken.

Fünf Jahre, nachdem der Kontakt zu seinem Sohn Michael abgebrochen war, ging Franz wegen Bauchschmerzen zum Arzt …

Auch nachdem er die Diagnose erhalten hatte, gelang es ihm nicht, Michael anzurufen. Dies ließen seine Sturheit und sein falscher Stolz nicht zu. Stattdessen rief er Dorothea an und erzählte ihr von seiner Krankheit. Dorothea war entsetzt, als sie die Nachricht erfuhr. Kaum hatte sie das Telefonat mit Franz beendet, rief sie Michael an, der mittlerweile mit Marie verheiratet war und eine sechs Monate alte Tochter hatte.

Michael setzte sich sofort ins Auto und fuhr zu Franz' Wohnung und klingelte an der Tür. Franz hörte die Türglocke und ging mühsam zur Tür. Als er sie geöffnet hatte und seinen geliebten Sohn Michael nach fünf langen Jahren das erste Mal dort stehen sah, brach er in Tränen aus und öffnete die Arme.

In seinen letzten sechs Monaten verbrachte Franz so viel Zeit wie möglich mit Michael und seiner kleinen Familie. Er lernte Marie näher kennen, die ihm nichts nachtrug, und er vergötterte Michaels kleine Tochter. In diesen Monaten wiederholte er immer wieder einen Satz: »Ich danke dem Krebs, denn er hat mir meinen Sohn zurückgebracht!«

Die letzten Tage seines Lebens verbrachte Franz in einem Sterbehospiz. Er hatte starke Schmerzen, und es ging ihm körperlich sehr schlecht. Doch um nichts in der Welt wollte er die Zeit mit Michael, Marie und dem Baby missen. Am Tag seines Todes lächelte er Marie an, drückte ihre Hand und sagte: »Pass gut auf meinen Michael und deine Tochter auf.« Marie nickte, und Franz weinte leicht, als sie mit seiner Enkeltochter in den Armen ging. Michael blieb bei seinem Vater und hielt seine Hand, als er am späten Nachmittag für immer entschlief.

Manchmal kann etwas scheinbar Schlechtes etwas Positives bewirken.

Entwicklungsweg

Franz hatte wirklich und wahrhaftig Grund, dem Krebs dankbar zu sein, denn er hätte sonst seinen Sohn wahrscheinlich niemals wiedergesehen. Zu stur und zu stolz war er und hat das Wichtige dabei übersehen. Denn hätte er sich nicht mit seinem Sohn zerstritten, wäre er vermutlich auch niemals so krank geworden. Durch seine Art hat er selbst das Glück aus seinem Leben gestrichen. Er hat den Frust und das Leid gesucht, obwohl er alles Glück der Welt hätte haben können. Dabei hat er ebenfalls nicht bemerkt, dass er denselben Weg gegangen ist wie einst sein eigener Vater. Er hatte die Art seines Vaters aufs Äußerste abgelehnt, doch letztlich verhielt er sich genauso. Erst seine Krankheit öffnete ihm die Augen, und er konnte sich dadurch ändern. Der Krebs entstand in Franz selbst, und auch wenn der hohe Alkoholkonsum ihn begünstigt hat, waren es der Hass und der Frust, die Franz innerlich zerstörten.

**Wir müssen mit offenen Augen
durchs Leben wandeln,
damit wir dessen Schönheit erkennen können.**

Tod durch Unfall

Annabel war ein hübsches junges Mädchen. Sie lebte zusammen mit ihrer Mutter und ihrer älteren Schwester in einer schönen Wohnung auf dem Land. Sie hatte vor drei Monaten ihren 16. Geburtstag gefeiert und besuchte die zehnte Klasse eines Gymnasiums. Ihre Noten waren nicht schlecht, auch wenn sie nicht die fleißigste Schülerin war. Annabel hatte eine große Leidenschaft: Sie wollte unbedingt Tänzerin werden und trainierte dafür fleißig in ihrer Freizeit. Tanzen war ihr Leben und ihr großer Traum.

In einer lauen Frühsommernacht lachte und tanzte sie auf einer Party. Ein Junge, den sie nur flüchtig kannte, hatte sturmfreie Bude, und ihre beste Freundin hatte sie mit auf die Feier genommen. Die Party war bereits seit Stunden im vollen Gange, und Annabel lachte und tanzte ausgelassen. Wenn es ihr zu warm wurde, trank sie einen der leckeren Cocktails, die es an der Bar gab. Sie hatte bisher noch keinen Freund gehabt, aber auf der Party war auch ein Junge, der ihr schon seit einiger Zeit sehr gefiel. Robert, von seinen Freunden nur Rob genannt, war bereits 19 und ein cooler Typ. Er machte viel Unfug, aber Annabel war von ihm fasziniert. Ihre Freundin Katrin war mit Robs bestem Freund bereits ein Paar. Auf dieser Party kam sie das erste Mal in engeren Kontakt mit Rob. Er tanzte mit ihr, flirtete mit ihr und versorgte sie mit den leckeren Cocktails. Kurz nach Mitternacht packte Rob sie an der Hand und zog sie lachend ins Freie. Sein bester Freund verfuhr mit Katrin ebenso. Alle vier hatten sie bereits zu viel getrunken, aber Rob und sein bester Freund wollten die mondhelle Nacht für ein Autorennen nutzen. Annabel war durch den vielen Alkohol viel zu locker und begeistert davon, endlich Robs Aufmerksamkeit erweckt zu haben, als dass sie irgendwelche Einwände erhoben hätte. Rob schob sie auf den Beifahrersitz seines Autos, und Katrin stieg in das Auto ihres Freundes. Die Motoren wurden gestartet, und schon schossen die beiden Autos mit quietschenden Reifen los. Rob und sein Freund gaben nebeneinander Vollgas und versuchten, sich gegenseitig zu überholen. Sie schlitterten um die Kurven und jubelten sich gegenseitig zu. Katrin lachte im anderen Wagen, und Annabel bewunderte Robs Fahrkünste. So ging es eine ganze Weile. Keiner der beiden Jungs wollte zurückstecken. Rob fuhr links und sein Freund rechts auf der Fahrbahn. Annabel hatte sich noch nie so frei gefühlt. Die Autos schossen nebeneinander durch die dunkle Nacht. Vor ihnen lag eine scharfe Kurve. Rob sah die Lichter zu spät. Plötzlich blendete der Gegenverkehr. Nun geschah alles gleichzeitig: Rob stieg auf die Bremse und lenkte das Auto nach links, um einen Frontalcrash zu vermeiden. Das entgegenkommende Auto hupte in einem schrillen Ton. Katrin und ihr Freund waren plötzlich totenstill, als Robs Auto neben der Straße landete. Das Auto fuhr in den Graben, kleine Bäume rissen ab. Das Auto überschlug sich zweimal und prallte mit der rechten Seite gegen einen breiten Baum. Dann herrschte Grabesstille.

Robs Freund hatte sein Auto mehrere Hundert Meter weiter zum Stehen gebracht. Auch das andere Auto hatte in einiger Entfernung angehalten. Auf wackeligen Beinen gingen Katrin und ihr Freund zur Unfallstelle. Der fremde Autofahrer rief derweil den Notarzt.

Als die Einsatzkräfte kamen, erwartete sie ein Bild des Grauens: Rob und Annabel waren beide eingeklemmt, und es dauerte mehrere Stunden, sie aus dem Autowrack zu befreien. Doch während Rob gerade noch am Leben war, konnte Annabel nur noch tot aus dem Auto geschnitten werden. Sie hatte nicht den Hauch einer Chance gehabt. Sie war sofort verstorben.

Warum ist dieser sinnlose Unfall geschieht? Warum ist Annabel in das Auto gestiegen? Warum, warum, warum?

Betrachtet man dieses Geschehen rein von der Verstandesebene, dann kann man sagen, dass es Zufall war. Annabel war zur falschen Zeit am falschen Ort. Jeden Tag sind schließlich die Zeitungen voll von solchen schrecklichen Unfällen, nicht wahr? Jeden Tag sterben Menschen auf unseren Straßen. Annabel hat das Schicksal zu sehr herausgefordert, werden andere meinen. Und dennoch ist die Antwort in Wirklichkeit viel diffiziler.

Um solch ein Ereignis richtig verstehen zu können, müssen wir unsere Sichtweise erweitern. Wir dürfen nicht nur das eine Ereignis an sich betrachten oder lediglich die Umstände dieser einen Nacht. So ein Unfall hat eine viel längere Vorgeschichte, als die meisten Menschen wahrhaben wollen. Normalerweise wissen wir auch nicht unbedingt, wie es zu dem Unfall kommen konnte. Meist hören wir darüber nur von jemandem, oder wir lesen davon in der Zeitung. Doch wenn wir uns einmal die Mühe machen, die gesamten Hintergründe zu beleuchten, dann können wir erkennen, dass der Unfall nur die letzte Reaktion einer ganzen Kette an Ereignissen war.

Ein tödlicher Unfall ist ein Ereignis, das lange in der Vergangenheit seinen Anfang hatte. Nur wenn es keinen anderen Weg mehr gibt, tritt der tödliche Unfall ins Leben.

Doch um diesen Umstand zu verstehen, müssen wir die Umgebung Annabels beleuchten. Denn der Unfall diente nicht Annabels Entwicklung, sondern der aller Personen in ihrem Leben sowie der aller am Unfall beteiligten Personen. Annabel war hier nur ein Mittel zum Zweck, einem Zweck, der Höherem dient. Annabel hat ihren Angehörigen den höchsten Dienst erwiesen: Sie hat ihr Leben für die Entwicklung anderer geopfert.

Vorgeschichte

Annabels Mutter war bereits zwei Mal geschieden. Im Alter von zwanzig Jahren heiratete sie ihren ersten Mann und bekam nach zwei Jahren Annabels Schwester. Als ihre Schwester vier Jahre alt war, wollte Annabels Mutter unbedingt wieder arbeiten. Es war ihr zu langweilig nur zu Hause mit Kind und Haushalt. Daher fing sie halbtags als Bürokraft in einem großen Unternehmen an. Ihr Mann liebte und vergötterte sie und ihre vierjährige Tochter. Sie führten keine schlechte Ehe, und auch finanziell ging es ihnen ganz gut, denn ihr Mann war fleißig und verdiente gut. Doch Annabels Mutter war nicht mit ihrem Leben zufrieden. Irgendetwas fehlte ihr, und sie hoffte, dies in dem Halbtagsjob zu finden. Sie war erst kurz in der Firma beschäftigt, als sie einem Mann begegnete, der sie faszinierte. Er war in der Chefetage beschäftigt, und er schien ein Auge auf sie geworfen zu haben. Er sah gut aus, und auch Annabels Mutter war recht hübsch. Sie verliebte sich unsterblich in ihn, und er hofierte sie mit allem Schönen. Eines Tages fing sie mit ihm eine Affäre an. Er war älter als sie und ebenfalls verheiratet. Er lud sie in teure Restaurants ein, schenkte ihr Blumen und andere Präsente. Sie fühlte sich durch ihn begehrt und wunderschön. Auch wenn er ihre Affäre geheim halten wollte, fand sie den Reiz des Verbotenen aufregend und spannend. Ihr Mann kam nämlich meist nur müde von der Arbeit und behandelte sie nicht so zuvorkommend wie ihr Geliebter. Alles ging so weit gut, bis Annabels Mutter eines Tages schwanger wurde. Begeistert erzählte sie ihrem Liebhaber davon, in der irrigen Meinung, dass er sich nun zu ihr bekennen würde. Doch mit dieser Offenbarung wollte er nichts mehr von ihr wissen. Ganz im Gegenteil: Er ließ sie fallen und ließ sie in eine andere Abteilung versetzen, weit weg von ihm.

Beschämt und frustriert hakte sie die Affäre ab und erzählte ihrem Mann von dem Kind, welches in ihr wuchs. Ihr Mann freute sich sehr auf das zweite Kind, und sie beließ ihn in dem Glauben, dass es sein Kind wäre.

Annabel kam auf die Welt und wurde von beiden Elternteilen vergöttert. Beide Schwestern waren sehr hübsch, sahen aber dennoch unterschiedlich aus – ein geheimer Zeuge der unterschiedlichen Väter. Doch Annabels Vater bemerkte davon nichts, und Annabel wurde seine Lieblingstochter. Er begleitete sie zu ihren Tanzveranstaltungen, wann immer er die Zeit erübrigen konnte. Er liebte beide Töchter, und dennoch war Annabel sein kleiner Schatz.

Annabels Mutter hatte dennoch immer wieder Affären. Manchmal währten sie kurz, manchmal länger. Eines Tages kam ihr Mann ihr dabei auf die Schliche und ließ sich von ihr scheiden. Weil sein Beruf so zeitraubend war, beschlossen beide, dass die Töchter bei der Mutter bleiben sollten. Annabels Mutter heiratete einen anderen Mann. Doch auch diese Ehe hielt nicht lange, denn auch diesmal sehnte sie sich nach etwas außerhalb ihrer Ehe, das sie nicht benennen konnte.

Nach zwei Scheidungen und mit dem Hass ihrer Exmänner hatte Annabels Mutter ihren Tiefpunkt erreicht. Wieder lernte sie einen neuen Mann kennen und verliebte sich in ihn. Annabel war zu dem Zeitpunkt 14 Jahre alt. Endlich meinte ihre Mutter, ihren Traummann gefunden zu haben, und endlich wollte sie anfangen, richtig zu leben. Sie verbrachte die meisten Nächte in der Woche bei ihrem neuen Freund, während Annabels Schwester sich um die jüngere Annabel kümmerte. In den Ferien fuhr die Mutter mit ihrem Liebhaber in die besten Hotels, während Annabel und ihre Schwester zu Hause blieben. Im Liebesurlaub war kein Platz für die beiden Töchter. Annabels Mutter rechtfertigte das damit, dass sie doch schließlich jahrelang für ihre beiden Kinder hatte zurückstecken müssen. Nun wollte auch sie endlich leben und mit ihrem Liebsten Spaß haben.

Auch der Vater der beiden Mädchen hatte wieder geheiratet und einen Sohn mit seiner neuen Frau bekommen. Er war glücklich in der neuen Beziehung, doch immer wenn es seine Zeit erlaubte, schaute er seiner Tochter Annabel bei einem ihrer Tanzwettbewerbe zu. Für mehr hatte er durch seine neue Familie und seinen zeitaufwendigen Beruf keine Zeit, aber schließlich waren die beiden Töchter ja auch schon bald erwachsen.

Entwicklungsweg

Annabel machte nur einen einzigen »Fehler« in ihrem Leben. Sie stieg zu Rob ins Auto, obwohl beide alkoholisiert waren. Diesen Fehler hat sie mit ihrem Leben bezahlt. Sie war bei dem Unfall sofort tot und musste daher nicht lange leiden. Der Unfall an sich scheint sinnlos und völlig unverständlich. Wieso liefern sich zwei junge Männer mitten in der Nacht, nach einer Party und mit Alkohol im Blut ein Rennen? Warum nehmen sie auch noch die beiden Mädchen mit? Robs Freund und Katrin waren immerhin ein Paar, aber Annabel war völlig unbeteiligt. Bei ihrer Beerdigung fragten sich die Leute, warum sie so unvernünftig gehandelt hatte, in dieser schicksalhaften Nacht in Robs Auto zu steigen, obwohl sie doch sonst immer überlegt und vernünftig gehandelt hatte.

Doch um Annabel geht es in dieser Geschichte des Lebens nicht. Denn sie hat sich lediglich »geopfert«. Sie hat nur eine bestimmte Rolle gespielt.

Der Tod ist nicht unser Verderben, er ist lediglich Teil unseres Lebens. Er ist das Tor, durch das jeder Lebende eines Tages gehen muss. Niemand ist unsterblich. Und es ist auch völlig egal, wann wir sterben. Wir sind hier, um etwas Bestimmtes zu erreichen. Wir sind hier auf Erden, um unsere Bestimmung zu erfüllen. Doch manche Seelen inkarnieren auch aus Gründen, die nichts mit ihrer eigenen Person zu tun haben. Nur weil sie jung sterben, heißt das nicht, dass sie etwas falsch gemacht hätten. Diese Seelen verfolgen ein höheres Ziel. Sie sind sogenannte »Helfer« für andere Seelen und unterstützen sie dabei, endlich ihren Weg zu gehen. Seelen, die sich für andere opfern, sind unsere Engel auf Erden. Sie leben hier, unter uns, und eines Tages gehen sie wieder. Ihr Leben und ihr Tod dienen dabei ausschließlich der Entwicklung anderer. Diese Seelen gehen, damit andere weiterkommen, damit Menschen, die ihnen nahestehen, aufgerüttelt durch ihren frühen Tod, ihr bisheriges, falsches Leben unterbrechen, damit sie ihre eingefahrenen Muster ablegen und beginnen, sich und ihr bisheriges Leben zu hinterfragen. Das ist ein Seelengeschenk, welches größer nicht sein kann. Genau das war Annabels Bestimmung.

Annabels Tod scheint sinnlos zu sein, aber er ist es bei Weitem nicht. Dadurch, dass das sonst so vernünftige Mädchen einmal unvernünftig ist und dabei stirbt, zeigt es auf, dass es falsch ist, im Leben ständig unvernünftig zu sein. Der Tod Annabels schlägt aus dem Nichts zu, und ihre Eltern können sich durch nichts darauf vorbereiten. Von einem Moment auf den anderen steht ihr Leben auf dem Kopf. In dem geschilderten Fall muss Annabels Mutter sich am meisten entwickeln. Sie hat jahrelang unvernünftig gehandelt und vieles falsch gemacht. Sie hat jahrelang eine Lüge gelebt. Annabel war nicht das leibliche Kind ihres vermeintlichen Vaters. Gerade dieses »gestohlene« Kind hat ihre Mutter nun für immer verloren. Nun trauert Annabels Vater um ein Kind, welches überhaupt nicht seines war, zumindest nicht sein leibliches. Annabels Mutter hat ein Leben lang ihre Mitmenschen belogen und betrogen. Sie hatte einen wunderbaren Mann, der für sie sorgte, und eine erste Tochter, die gesund und fröhlich war. Sie hatte alles, und doch hat sie dieses Leben nicht geschätzt. Anstatt ihren Frust durch ein Abenteuer zu suchen, hätte sie ihre Probleme mit ihrem ersten Ehemann lösen müssen. Doch sie hat einen anderen Weg gewählt. Sie hat einen seelisch falschen Weg gewählt. Sie hat alle in ihrem Leben belogen, sogar Annabel, die nicht wusste, wer ihr leiblicher Vater war. Doch auch aus den Erfahrungen ihrer ersten Ehe hat Annabels Mutter nichts gelernt, sondern wieder in neuen Affären einen Ausweg aus einem tristen Dasein gesucht. Sie ließ sich scheiden und tauschte lediglich einen Mann gegen einen anderen, anstatt an sich und an ihrem Leben zu arbeiten. Auch ihre zweite Ehe hielt nicht, und wieder zog sie daraus keinerlei Lehren. Ganz im Gegenteil: Als sie nun ihre dritte große Beziehung einging, fing sie auch noch damit an, sich selbst in den Mittelpunkt ihres ganzen Interesses zu rücken. Anstatt für ihre beiden Töchter da zu sein, die aufgrund der Scheidung ihrer Eltern litten, meinte Annabels Mutter, Nachholbedarf zu haben. Ihre Töchter verbannte sie nach ganz weit hinten aufs Abstellgleis. Eigentlich waren ihre Töchter in ihrem neuen Leben eher störend für sie. Dies ist einer der Gründe warum, aus der seelischen Perspektive betrachtet, Annabel für immer gehen musste. Ihre Mutter hatte eigentlich alles im Leben, was sie wollte, aber sie hat es niemals geschätzt. Nun hat sie ihren verbotenen Schatz – Annabel – für immer verloren.

Doch warum musste der »falsche« Vater dasselbe Schicksal erleiden? Auch er hat sich am Ende zu sehr auf sein neues Leben konzentriert. Auch wenn er Annabel manchmal beim Tanzen zusah, so hat er seine beiden Töchter nicht in sein neues Leben integriert. Wenn er bemerkt hätte, dass seine Exfrau sich nicht mehr ausreichend um die gemeinsamen Töchter kümmert, wäre es seine Aufgabe als Vater gewesen, etwas dagegen zu unternehmen. Er hätte in dieser Situation seine Töchter zu sich nehmen können. Doch auch er hat einfach eine Familie durch eine neue ersetzt. Mit Menschen darf man so niemals umgehen.

**Menschen sind niemals austauschbar.
Diese Erkenntnis bringt nur der Tod.**

Auch Annabels Schwester wird aus dem Tod der Schwester ihre Lehren ziehen, genauso wie Katrin, ihr Freund und selbstverständlich auch Rob. Dass der tödliche Unfall letztlich durch ihn verursacht wurde, ist ebenfalls kein Zufall, sondern Teil seines Entwicklungswegs. Rob war zu selbstbewusst, zu sehr von sich und seiner Stärke überzeugt. Auch sein Leben wird nie wieder so sein wie zuvor, selbst dann nicht, wenn er keine körperlichen Beeinträchtigungen durch den Unfall behält.

Alle, die am Unfall beteiligt waren, und alle, die Annabel kannten, werden durch ihren Tod ein anderes Leben führen als zuvor. Nie wieder wird es so sein wie vor Annabels Weggang. Nie wieder haben sie ihr altes Leben. Annabels Tod war ihr Weg der Bestimmung.

Tod durch Verbrechen

Philip war ein aufgeweckter, süßer, achtjähriger Junge. Er war zu jedem freundlich und brachte die Welt um sich herum zum Leuchten. Er wohnte mit seinen Eltern und seiner dreijährigen Schwester Sarah in einer kleinen Stadt. Er besuchte voller Stolz die Grundschule in der zweiten Klasse und spielte mit großer Begeisterung Klavier. Dafür ging er zwei- bis dreimal in der Woche zum Unterricht, denn er wollte später – wie einst sein Großvater – Pianist werden. Philip liebte die Musik.

Es war an einem Mittwoch im Herbst, als Philip auf dem Heimweg von seinem Klavierunterricht war. Eigentlich musste er nur drei Straßen weiter nach Hause gehen, doch er kam dort nie an. Seine Mutter Irene war an diesem Tag sehr gestresst, denn Sarah war den dritten Tag in Folge krank und hatte hohes Fieber. Die letzten beiden Nächte hatte sie daher kaum geschlafen und war völlig übermüdet, erschöpft und leicht reizbar. Nachdem Philip zum Klavierunterricht gegangen war, und es Sarah ein bisschen besser ging, legte sich Irene kurz auf die Couch, um sich zu erholen. Nach kurzer Zeit war sie eingeschlafen. Sie wachte erst wieder auf, als Sarah sie rief. Die Kleine wollte etwas trinken. Es dämmerte bereits, und Irene schaute verwirrt auf die Uhr. Es war bereits 16.40 Uhr, und Philip hätte schon längst zu Hause sein müssen. Philips Unterricht dauerte nur bis

16.00 Uhr, und normalerweise war er spätestens zehn Minuten später zu Hause.

Irene rief die Klavierlehrerin an. Diese sagte, dass Philip pünktlich nach Hause gegangen sei. Auf dem Heimweg wohnte ein Schulkamerad und guter Freund von Philip. Vielleicht hatte Philip ihn getroffen und war zum Spielen dort geblieben. Daher rief Irene auch dort an, doch die Mutter von Philips Freund verneinte und meinte, sie hätte Philip nicht gesehen. Irene rief weitere Freunde von Philip an, doch niemand wusste, wo er war. Gegen 17.15 Uhr hatte sie immer noch nichts von Philip gehört und rief ihren Mann, Frank, in der Arbeit an. Er kam so schnell wie möglich nach Hause, und beide machten sich auf die Suche nach Philip, während eine Nachbarin bei Sarah blieb.

Gegen 18.30 Uhr, nachdem sie Philip nicht finden konnten, verständigten die Eltern die Polizei und gaben eine Vermisstenanzeige auf. Auch eine großangelegte Suchaktion brachte keinen Erfolg und Philip blieb spurlos verschwunden.

Im Frühjahr des Folgejahres fanden Spaziergänger mit ihrem Hund 150 km entfernt eine Kinderleiche im Wald. Es war Philip, der sexuell missbraucht und erwürgt worden war.

Warum geschieht so ein tragisches Geschehen? Warum geschieht es den einen Familien und anderen nicht? Warum wurde gerade Philip vom Täter gewählt und nicht irgendein anderer Junge? War Philip nur zufällig das Opfer, weil er dem Täter in diesem Augenblick allein über den Weg lief? Oder war es Bestimmung, dass ausgerechnet dieses Kind einem Sexualdelikt mit Todesfolge zum Opfer fiel? Was ist, wenn wir Menschen alle unseren Tod wählen, wenn wir Menschen denen, die zurückbleiben, mit unserem Tod etwas Bestimmtes sagen wollen?

Unser Tod ist eine Nachricht an die Hinterbliebenen, eine Botschaft, ein Vermächtnis.

Vielleicht ist unser Tod unsere einzige Möglichkeit, unseren Angehörigen und dem Rest der Welt zu sagen, wie das Leben in Wahrheit verläuft, wieso es gute und schlechte »Zufälle« gibt, wieso manche Dinge geschehen.

Der Tod ist die Folge unseres vergangenen Lebens.

Auf jeden Fall spricht der Tod mit uns. Er spricht mit uns Menschen, jedes Mal, wenn jemand stirbt. Er sagt uns etwas sehr Wichtiges über den Menschen, den wir verloren haben. Der Tod zeigt uns, was Leben ist. Er zeigt uns, wie unser Leben ist, und er zeigt uns, wie das Leben des Toten war. Der Tod holt alles wieder ans Licht, denn wir können uns ihm nicht verweigern. Wir können den Tod nicht verhindern, nicht, wenn er uns ereilen soll. Der Tod holt alle Probleme, alle Schwierigkeiten und alle Unzulänglichkeiten wieder ans Licht. Wir können im Leben alles verstecken, doch im Tod gelingt dies niemandem mehr.

Der Tod steht für Wahrheit im Leben.

Man kann versuchen, im Leben vor all seinen Problemen davonzulaufen, und das tun viele Menschen. Doch irgendwann holen sie die Probleme wieder ein, manchmal auch erst mithilfe des Todes, denn vor ihm kann niemand fliehen.

Der Tod dient der Reinigung und Heilung von Seelen.

Manchmal dient dazu unser eigener Tod, und manchmal ist es der Tod anderer. Doch jeder Tod dient der Heilung einer oder mehrerer Seelen.

Vorgeschichte

Frank war nicht Philips leiblicher Vater, sondern sein Stiefvater. Irene hatte vor der Ehe mit Frank eine fünfjährige Beziehung mit Peter, Philips leiblichem Vater. Peter war ein cooler Typ, in den sich die schüchterne Irene verliebt hatte. Er war das komplette Gegenteil von Frank. Frank war immer sehr fleißig und ruhig. Peter liebte dagegen das Leben, seine Maschine, wie er sein Motorrad nannte, Partys und Frauen. Er war ein Chaot, unzuverlässig und trank oft zu viel Alkohol. Irene war in einem strengen Elternhaus aufgewachsen und daher völlig fasziniert von Peters Welt. Sie entfloh dem strengen Elternhaus, indem sie bei Peter einzog. In der folgenden Zeit blühte Irene immer mehr auf und genoss das wilde Leben. Beide waren glücklich, bis Irene ungeplant schwanger wurde. Peter wollte kein Kind, und Irene wollte nicht abtreiben. Also bekam Irene Philip und konnte von da an das wilde Partyleben nicht mehr weiterführen. So ging Peter nun allein zum Feiern, während Irene sich um Philip kümmerte.

Immer wieder war Irene die ganze Nacht allein, und Peter fuhr auch manchmal mit seinen Freunden für einige Tage mit der Maschine weg. Irene fühlte sich in der Zeit sehr einsam und auch oft überfordert. Philip weinte viel, und Irene liebte ihn zwar, gab ihm aber unterbewusst die Schuld an ihrem Elend. Immer öfter kam es daher zwischen Irene und Peter zum Streit. Peter meinte nur jedes Mal: »Ich hatte es dir gesagt, Irene, ich wollte kein Kind. Du wolltest es unbedingt, jetzt sieh, wie du damit klarkommst.«

Doch Peter hatte auch gute Tage, und dann spielte er viel mit Philip, bevor er abends loszog. Philip hing sehr an Peter, denn wenn er für ihn da war, war er ruhig und ausgeglichen, im Gegensatz zu Irene, die meist nur gestresst und nervös mit ihm umging. An Philips drittem Geburtstag plante Irene ein kleines Kinderfest und hoffte dafür auf Peters Unterstützung. Doch Peter hatte überhaupt keine Lust auf zehn kreischende Kleinkinder und floh aus der gemeinsamen Wohnung. Als er nachts betrunken nach Hause kam, rastete Irene aus, und es kam zum bisher schlimmsten Streit der beiden. Daraufhin flüchtete Peter aus der Wohnung und übernachtete bei einem Freund. Am nächsten Tag kam er gegen Mittag und packte seine Koffer. An diesem Tag verschwand Peter für immer aus Irenes und Philips Leben. Er verabschiedete sich noch nicht einmal von seinem Sohn, sondern ließ ihn einfach zurück wie die gemeinsamen Möbelstücke.

Obwohl Peter kein guter Vater gewesen war, vermisste Philip ihn schrecklich. Er weinte sich oft in den Schlaf und rief nach seinem Papa. Für Irene war die Zeit nach Peters Flucht ebenfalls sehr schwierig, denn es fehlte nun das Geld, welches Peter verdient hatte. Außerdem war sie wütend auf Peter, weil er sie im Stich gelassen hatte, und sie ihn dennoch liebte, und auf Philip, der ihr Leben zerstört hatte. Häufig rutschte ihr in der folgenden Zeit die Hand aus, und sie ließ Philip manchmal bis zur Erschöpfung schreien, weil sie nicht mehr die Kraft hatte, sich um ihn zu kümmern. Sie fühlte sich in der Zeit selbst viel zu verletzt, um Philip die Liebe entgegenzubringen, die er gebraucht hätte. Durch Peters Weggang war ihr Leben von einem Tag auf den anderen ein anderes. Doch Irene holte sich keine Hilfe von außen. Dafür war sie zu stolz, denn viele ihrer alten Freunde und auch ihre Eltern hatten Peter damals nicht als geeignet für eine Partnerschaft empfunden und sie gewarnt.

Philip verlor in dieser Zeit nicht nur seinen Vater, sondern auch seine Mutter. Mit dreieinhalb Jahren kam er in den Kindergarten und fand hier etwas Halt. Irene ging arbeiten und war dankbar, von Haushalt und Kind wegzukommen. Dadurch verringerte sich ihre Wut auf Philip etwas, und es gelang ihr anschließend etwas besser, auf ihren Sohn und seine Bedürfnisse einzugehen. Während der Arbeit lernte sie auch Frank kennen und später lieben. Er war so ganz anders als Peter. Sie verliebte sich wohl allein deshalb in ihn, weil er das genaue Gegenteil von Peter war. Frank hatte kein Problem damit, dass Irene bereits ein Kind hatte. Er akzeptierte den Jungen und brachte ihm auch hin und wieder ein Geschenk mit, wenn er Irene besuchte.

Die Beziehung wurde schnell intensiver, und Frank machte Irene einen Heiratsantrag. Sie feierten im kleinen Kreis und zogen in ein Haus in einer Kleinstadt. Philip wurde von Frank adoptiert.

Kurz nach der Hochzeit war Irene wieder schwanger, und Frank und sie freuten sich riesig auf ihr gemeinsames Kind. Sarah war das absolute Traumbaby, und beide Eltern vergötterten den kleinen blonden Engel. Schwangerschaft und die Babyzeit verliefen für Irene so ganz anders als bei ihrem ersten Kind. Sarah schrie fast nie und schlief die Nächte bald durch. Frank vergötterte seine beiden Frauen und trug sie auf Händen. Sarah war der absolute Mittelpunkt der Familie, und Philip suchte seine Erfüllung in der Musik. Auch er war ein Teil der Familie, aber Sarah konnte er nicht das Wasser reichen. Philip fühlte sich oft unverstanden, ungeliebt, einsam und verletzt. Er spürte, dass Frank und Irene Sarah mehr liebten als ihn. Nur während des Klavierspielens konnte er dies alles vergessen. Die Musik machte ihn frei und froh. Sarah war absolut unmusikalisch, und daher erhielt er beim Musizieren mehr Anerkennung als seine kleine engelhafte Schwester. Philip liebte daher sein Klavier und wollte später unbedingt Pianist werden.

Entwicklungsweg

Der Tod durch ein Verbrechen ist oft verbunden mit vielen Gewaltanwendungen gegen das Opfer. Für die Eltern des betroffenen Kindes ist solch ein Tod immer entsetzlich, egal, in welchem Alter das »Kind« war, auch wenn es bei der Tat bereits erwachsen ist. Die Eltern sorgten einst für das Leben des Kindes. Seine Mutter trug es neun Monate in ihrem Bauch, sie war mit ihm während der Schwangerschaft eng verbunden, sie und das Kind waren eine Einheit. Die Mutter spürte jede Regung, jede Veränderung, jedes Wachsen. Sie hat das Kind meist unter großen Schmerzen in unsere Welt hineingeboren. Sie hat vieles auf sich genommen, um ihrem Kind dieses Leben zu schenken. Nach der Geburt kümmerten sich die Eltern um dieses Geschenk des Lebens. Sie liebten und pflegten ihren Nachwuchs. Sie wollten nur das Beste für ihr Kind, und es sollte sie selbst für den Rest ihres Lebens begleiten.

Eltern möchten normalerweise alle wichtigen Lebensabschnitte ihres Nachwuchses erleben: den ersten Tag im Kindergarten, die Einschulung, die erste Liebe, den Schulabschluss, die Ausbildung oder das Studium, die Hochzeit, die Enkelkinder, den Erfolg im Beruf ...

Doch ein anderer Mensch hat dieses kostbare Geschenk des Lebens missachtet. Das Leben des Kindes wurde mit Füßen getreten, es wurde wie Müll behandelt. Der Täter hat das Kind wie einen Gegenstand benutzt. Er hat ihm unendliches Leid und schlimmste Schmerzen zugefügt. Das Kind wurde vom Täter beschmutzt, nicht als Mensch geachtet, nicht wertgeschätzt. Der Täter hat das Leben des Kindes völlig missachtet und ohne jeden Skrupel vernichtet.

Bei den Eltern kommt oft noch das Gefühl hinzu, versagt zu haben, nicht ausreichend auf ihr Kind aufgepasst zu haben und das Gefühl, dass ihr Kind in seiner letzten und größten Not einsam und ganz allein war, dass es nach ihnen geschrien hat, um ihre Hilfe gefleht hat, und sie waren nicht bei ihm. Die Eltern konnten ihr Kind nicht beschützen. Sie konnten es nicht vor Leid und Schmerz bewahren. Dieses Gefühl des Leids lässt die Eltern in ihrem Leben niemals mehr los.

Der Schmerz der Eltern getöteter Kinder lässt auch nach Jahren kaum nach. Lediglich ihre Verzweiflung wird geringer.

Philip wurde bereits in jungen Jahren oft verletzt. Ihm wurde durch beide Elternteile viel Schmerz zugefügt. Peter hat seinen Sohn von einem Tag auf den anderen im Stich gelassen. Es war ihm völlig egal, was aus Philip wird. Er hat seinen Sohn mit einem wunden Herzen einfach zurückgelassen. Durch sein Fortgehen hat Peter Philip die Vaterliebe für immer entrissen.

Aber auch Irene hat viele Fehler gemacht. Sie hat ihrem kleinen, unschuldigen Sohn immer wieder aufs Neue für ihre eigenen Unzulänglichkeiten verantwortlich gemacht. Philip musste vieles erleiden und erdulden, was er nicht zu verantworten hatte. Beide Eltern haben auf ihn und seine Gefühle keinerlei Rücksicht genommen, genauso wenig wie später der Täter. Als Frank und Sarah in Irenes Welt traten, wurden beide zum Mittelpunkt ihres Lebens, und Philip blieb in der Familie nur eine Randfigur.

Irene hatte sich selbst zu verletzt gefühlt, um ihrem Sohn die notwendige Zuwendung und Liebe zu geben. Durch Philips grausamen Tod muss sie nun erfahren, was es wirklich bedeutet, wenn jemand verletzt wird. Sie war in der Vergangenheit zu wenig für ihren Sohn da, weil sie ihre eigenen Probleme in den Vordergrund stellte. Doch auch später änderte sie an diesem Verhalten nichts, obwohl sie in Frank einen guten Partner gefunden hatte.

Philip hätte dieselbe Liebe und Achtung bekommen müssen wie Sarah. Denn kein Kind ist besser, kein Kind ist wertvoller als ein anderes.

**Jeder Mensch hat die gleiche Achtung,
die gleiche Zuwendung,
die gleiche bedingungslose Liebe verdient.**

Beide Elternteile haben den Fehler gemacht, Philips Leben weniger zu achten als ihr eigenes. Dies zeigen die Umstände von Philips Tod deutlich.

Selbsttötung

Norbert war Ende 50 und allein. Sein Leben bestand nur noch aus Ängsten. Er hatte Angst zu versagen, Angst zu scheitern, Angst vor der lebenslangen Einsamkeit. Mittlerweile hatte er bereits Angst, wenn er morgens aufwachte, und die Angst hielt ihn fest, bis er abends wieder zu Bett ging. Sogar nachts hatte er Ängste, und oft lag er stundenlang wach. Sein Leben war ein einziger Scherbenhaufen. Seine einzige, kinderlose Ehe war ein Desaster gewesen und bereits vor zehn Jahren in die Brüche gegangen. Seitdem hatte Norbert keine neue Beziehung mehr geführt, denn er hatte Angst gehabt, dass auch diese Beziehung in einer Katastrophe enden würde. Die einzigen beiden Menschen, die Norbert etwas bedeuteten, waren seine Schwester und ihr Mann, sein Schwager. Freunde hatte er keine, denn der Kontakt mit anderen Menschen war ihm einfach zu anstrengend. Er wollte nicht stundenlang reden, und er wollte auch niemanden, der ihm sagte, was er in seinem Leben alles falsch machte. Deshalb lebte er zurückgezogen in seiner Vierzimmerwohnung und blieb lieber allein.

Norbert hatte einfach keine Kraft mehr zum Weiterleben. Er wollte und konnte einfach nicht mehr. Er war das Leben so leid. Es machte für ihn einfach keinen Sinn mehr, jeden Morgen aufzustehen und abends zu Bett zu gehen. Wozu sollte das gut sein? Sein Leben war nur noch eine nicht enden wollende Qual. Norbert fühlte sich einfach zu schwach, um weiterleben zu können. Er konnte keine Kraft mehr aufbringen. Es war einfach genug für ihn.

Am Samstagmorgen rief er seine Schwester an und erkundigte sich nach ihr, ihren Kindern und seinem Schwager. Seine Schwester war fröhlich wie immer am Telefon und plapperte wild drauflos. Als sie ihn fragte, wie es ihm ginge, antwortete Norbert: »Mir geht es so wie immer, danke, Anneliese.« Er verabschiedete sich von seiner Schwester, wünschte ihr ein schönes Wochenende und legte auf.

Norbert putze seine Wohnung sehr gründlich, wie er das immer machte. Er wusch die Wäsche, bügelte sie und legte alles fein säuberlich in den Schrank. Dann holte er alle wichtigen Dokumente aus dem Schrank und legte sie in einem Stapel auf den Esstisch. Er nahm einen Block, setzte sich hin und schrieb:

Liebe Anneliese,
wenn du diese Zeilen liest, werde ich nicht mehr hier sein. Ich danke dir für deine Unterstützung und Hilfe in den ganzen Jahren. Lebe du dein Leben mit deiner Familie weiter, und sei glücklich. Ich kann es einfach nicht mehr. Verzeihe mir.
Dein Bruder Norbert

Norbert legte den Brief oben auf den Stapel mit den Dokumenten, dann blickte er sich noch einmal in seiner Wohnung um, ob auch alles zu seiner Zufriedenheit war. Er ging zur Tür, zog sich Jacke und Schuhe an und verließ seine Wohnung. Norbert ging zu einer Brücke, die über die S-Bahn-Gleise führte und die nur einige Straßen von seiner Wohnung entfernt war. Norbert wusste genau, wann der nächste Zug kommen würde. Er blickte die Schienen entlang in die Ferne. Als er den Zug erkennen konnte, sprach er noch ein letztes Gebet, kletterte auf die Brüstung und wartete auf den richtigen Augenblick, bis er sich in die Tiefe stürzte. Das Letzte, was er hörte, war das langgezogene Hupen der S-Bahn, bevor sie auf seinen Körper traf und ihn zerschmetterte.

Vorgeschichte

Norbert und Anneliese hatten eine schwierige Kindheit hinter sich. Ihr Vater war Alkoholiker gewesen und hatte die Mutter und seine beiden Kinder geschlagen. Die Mutter bestand nur aus Ängsten. Sie hatte furchtbare Angst vor ihrem Ehemann, aber auch vor dem Alleinsein. Daher ertrug sie ohne Gegenwehr die Prügel ihres Mannes. Norbert war der jüngere der beiden Geschwister. Wenn sein Vater betrunken war, hatte Norbert furchtbare Angst vor ihm, denn sein Vater wurde jedes Mal unberechenbar. Wie ein Häufchen Elend saß Norbert in der Ecke und versuchte, sich vor seinem Vater zu verstecken. Anneliese, die ältere Schwester, versuchte, ihren Bruder zu trösten und zu beschützen, während die Mutter genauso hilflos dasaß und nichts sagte, bis der Vater von ihnen abließ. Doch sein Vater machte Norberts ängstliche Art nur noch wütender. Er beschimpfte ihn als Versager und Weichei, der sich unter dem Rock seiner Schwester verstecke, anstatt ein Mann zu sein. Er brüllte ihn an und schlug nur noch mehr auf ihn ein, denn seine Hilflosigkeit machte ihn rasend. »Du wirst nie ein Mann sein«, schrie er Norbert entgegen. »Du Schwächling, du Memme. Du bist meiner nicht würdig. Du bist nicht mein Sohn.«

Wenn Norbert nach so einer physischen und verbalen Attacke stundenlang weinte und schluchzte, nahm Anneliese ihn jedes Mal in den Arm. Sie tröstete ihn, wie es eigentlich seine Mutter hätte tun sollen. Doch diese war nach solch einem Übergriff jedes Mal so erschöpft, dass sie nicht mehr die Kraft hatte, sich um ihre Kinder zu kümmern. Eigentlich war Anneliese nur drei Jahre älter als Norbert, aber dennoch trennten sie Welten im Umgang mit dem Vater. Anneliese war die Starke. Sie war die Beschützerin. Sie wollte überleben. Norbert war der Schwache, der Angst hatte und sich nur noch verstecken wollte. Noch bevor seine Kindheit zu Ende war, hatte Norbert bereits beschlossen, dass sein Leben nicht lebenswert sei. Der einzige Mensch, dem er vertraute, war Anneliese.

Norbert hat die schlimmen Erlebnisse seiner Kindheit sein ganzes Leben lang nicht überwunden. Er hat die damaligen Erfahrungen einfach auf sein Erwachsenendasein übertragen und es nie geschafft, sich von den Erlebnissen zu lösen. Als seine einzige feste Beziehung in die Brüche ging, bekam er zu den Lebensängsten auch noch Depressionen. Dieser Teufelskreis wurde von Jahr zu Jahr schlimmer, doch Norbert war auch nicht bereit, etwas dagegen zu unternehmen. Schließlich kannte er es nicht besser, und daher akzeptierte er sein Dasein so, wie es war, bis zu jenem Wochenende.

Viele Menschen schaffen es ein Leben lang nicht, die Prägungen aus ihrer Kindheit abzustreifen.

Anneliese war als junge Frau frühzeitig aus dem Elternhaus geflohen. Sie wollte damals einfach nur weg, denn ihre Mutter war stark depressiv und überließ vieles an Verantwortung ihrer jungen Tochter. Anneliese war Mutter für Norbert und für ihre eigene Mutter, die allein lebensunfähig war. Wenn der Vater ausnahmsweise nicht getrunken hatte, dann kam auch er eher zu ihr mit seinen Wünschen, als seine passive und hilflose Ehefrau damit zu behelligen. Anneliese war daher schon sehr früh Mutter, Partnerin und Verantwortliche für alle und jeden.

Dies legte sie auch später nicht ab. Anneliese kümmerte sich immer um jeden und um alles. Sie war in ihrem bisherigen Leben die Mutter für viele Menschen. Jeder bat Anneliese um Hilfe und um Rat. Und Anneliese arbeitete hart und machte alles für andere. Sie kümmerte sich um alles, nur nicht um sich selbst. Sie sparte ihr Geld, um anderen nette Geschenke zu machen, und überlegte, bevor sie etwas für sich selbst kaufte, meist drei Mal, ob dies wirklich notwendig war. Meistens kaufte sie es dann nicht. »Das brauche ich doch nicht«, war ihr Standardspruch.

Nach Norberts Scheidung kümmerte sie sich oft um ihren Bruder, denn er versank immer mehr in seinen Depressionen. Doch ihr Bruder war auch stur und ließ sich nicht wirklich von ihr helfen. Anneliese fand die Situation ziemlich belastend, denn sie selbst hatte ebenfalls eine Familie, um die sie sich kümmern musste. Ihr Mann war derzeit arbeitslos und auch keine einfache Person im Umgang. Außerdem hatte sie vier Kinder. Und Norbert wurde von Jahr zu Jahr anstrengender und unselbstständiger. Immer öfter hatte Anneliese das Gefühl, ihr wachse alles über den Kopf.

Entwicklungsweg

Anneliese war vom Selbstmord ihres Bruders völlig schockiert. Ihr Bruder hatte nur aus Ängsten bestanden, doch vor dem Selbstmord hatte er offensichtlich keine Angst gehabt. Anneliese hatte Schuldgefühle und fragte sich, ob sie sich nicht ausreichend um ihren Bruder gekümmert hatte. Sie fiel durch seinen Tod selbst in ein tiefes Loch. Gesundheitlich ging es ihr nach dem Tod des Bruders sehr schlecht. Sie litt unter Albträumen, in denen sie den Tod ihres Bruders immer wieder durchlebte. Sie litt unter Schlaflosigkeit und Kopfschmerzen und bekam Herzbeschwerden.

Gleichzeitig fühlte sie sich durch Norberts Tod erleichtert, denn ihr war bewusst, dass sie sich immer mehr um ihn hätte kümmern müssen. Dieses Gefühl verursachte ihr wiederum ein schlechtes Gewissen. Einige Wochen nach Norberts Freitod war Anneliese an einem Punkt angelangt, an dem sie nicht mehr weiterkonnte. Sie ging zum Arzt und ließ sich krankschreiben. Dann suchte sie sich Hilfe bei einer Lebensberatung. Dabei stellte sie fest, dass sie überhaupt kein eigenes Leben hatte. Anneliese erkannte langsam, dass sie immer nur für die anderen gelebt und sich aufgeopfert hatte, aber sich selbst dabei völlig aus den Augen verloren hatte. In den Gesprächen stellte sich heraus, dass sie ihre eigenen Lebensziele ignoriert hatte und nur die Wünsche von anderen erfüllte. Sie hatte bisher nicht einmal für einen Augenblick ihr persönliches Leben gelebt. Anneliese erkannte, was alles in ihrem bisherigen Leben nicht nach ihren wahren seelischen Vorstellungen gelaufen war. Sie erinnerte sich nach und nach an ihre eigenen Vorstellungen vom Leben. Sie musste viel Ballast, der sich in ihrer Kindheit und den Jahren danach angesammelt hatte, »wegschaufeln«, um sich selbst unter diesem Berg zu entdecken. Doch ohne Norberts Tod wäre ihr das sicher nicht gelungen. Erst der Schock über Norberts Tat brachte sie dazu, über ihr eigenes Leben nachzudenken. Erst Norbert weckte Anneliese auf. Er hat sie durch seinen Tod gewissermaßen befreit, befreit von der Belastung durch den »lebensmüden« und depressiven Bruder, aber auch befreit von dem Ballast eines falsch gelebten Eigenlebens.

Der Tod ist in der Lage, uns Menschen aus einer jahrelangen Starre zu erwecken.

Anneliese brauchte mehrere Monate, um alles zu verarbeiten und ihr Leben umzukrempeln. Sie denkt nun mehr an sich selbst und lebt nicht nur für andere. Sie hat ihren Freundeskreis beleuchtet und festgestellt, dass viele ihrer zwischenmenschlichen

Beziehungen nur in eine Richtung liefen und sie ausgelaugt haben. Nun hat sie angefangen, einen gesunden Egoismus zu entwickelt, denn nicht nur die anderen sind wichtig, sondern auch ihre eigene Seele.

In jeder zwischenmenschlichen Beziehung muss es ein Geben und Nehmen geben. Ansonsten läuft sie energetisch nur auf Kosten einer Person.

Erweiterter Selbstmord

Rainer war verzweifelt und wütend. Er wusste sich nicht mehr anders zu helfen. Er würde es tun, doch es war nicht seine Schuld. Manuela war an allem schuld. Sie sorgte für Rainers Elend, für Rainers Verzweiflung und für das, was Rainer nun tun musste. Manuela hatte alles zerstört, und nun würde Rainer es ihr heimzahlen …

Er wartete, bis Manuela am Abend das Haus verließ, weil sie angeblich ins Pilates gehen wollte. Doch Rainer ließ sich nun nicht mehr täuschen. Wahrscheinlich traf sie sich heimlich mit ihrem Geliebten. Als Manuela ging, bemühte er sich, völlig normal zu wirken, doch seine Frau würdigte ihn sowieso kaum eines Blickes. Erleichtert, dass sie endlich weg war, schloss er die Haustür. Dann ging er in die Küche und schenkte zwei Gläser Limonade ein. In jedes Glas legte er vier Schlaftabletten und rührte so lange, bis sich die Tabletten aufgelöst hatten. Rainer ging ins Wohnzimmer und rief seine beiden Söhne. Till war sechs Jahre alt und

Mark erst vier. Beide kamen in den Raum gerannt. »Kommt, setzt euch zu mir. Ich lese euch etwas vor, und ihr trinkt derweil eure Limonade aus.« Die beiden Jungen setzten sich rechts und links neben ihren Vater auf die Couch. Rainer umarmte seine beiden Söhne und drückte sie fest an sich. Dann gab er ihnen die Gläser in die Hand und fing an zu lesen. Till trank etwas schneller, doch Rainer forderte Mark mit einem Zeichen immer wieder auf, sein Glas leer zu trinken. Bald schliefen die beiden Jungen ein. Rainer legte das Kinderbuch auf die Seite, stand auf und nahm Till auf seine Arme. Er trug seinen ersten Sohn in sein Kinderzimmer und gab ihm noch einen Kuss, bevor er ihn vorsichtig auf sein Bett legte. Dann deckte er Till zu und nahm ein Kissen in die Hand. Er legte das Kissen fest auf Tills Gesicht und wartete. Als es vorbei war, strich er über Tills Haare, dann ging er zurück ins Wohnzimmer, um Mark zu holen. Er wiederholte das Ganze mit seinem jüngeren Sohn. Dann nahm er selbst Schlaftabletten ein und trank eine Flasche Whisky. Rainer legte sich in die Badewanne und schlitzte sich die Pulsadern auf. Während sich das Blut mit dem Wasser vermischte, schlief er langsam ein.

Manuela ging mit zwei Freundinnen nach dem Pilates noch etwas essen. Sie hatte es nicht eilig, nach Hause zu kommen, denn mit Rainer verband sie nichts mehr. Als sie zu Hause eintraf, war es für jede Hilfe zu spät …

Vorgeschichte

Rainer war in seiner Kindheit von seinem Onkel missbraucht worden. Seine alleinerziehende Mutter hatte davon gewusst, aber nichts dagegen unternommen. Anfangs hatte er Mädchen gegenüber große Hemmungen, denn er fühlte sich beschmutzt und nicht liebenswert. Rainer war daher als junger Erwachsener jahrelang in einer Psychotherapie gewesen, bis er sich einigermaßen mit dem Schicksal abgefunden hatte und sein Selbstwertgefühl etwas besser wurde. Als er Manuela kennenlernte, verliebte er sich sofort in sie. Manuela war eine hübsche junge Frau, die ihm das erste Mal im Leben das Gefühl gab, wertvoll zu sein. Es dauerte eine Weile, aber schließlich erwiderte sie seine Gefühle. Als Till auf die Welt kam, hörte Manuela auf zu arbeiten und blieb zu Hause. Nachdem ihr jüngerer Sohn Mark zwei Jahre alt geworden war, fing Manuela wieder an zu arbeiten. Ab da ging die familiäre Stimmung bergab. Rainer hatte viel Druck in seiner Arbeit als Ingenieur, und seine alten Zweifel kamen wieder hoch. Manuela schien in ihrer neuen Arbeitsstelle aufzublühen, und Rainer wurde zunehmend eifersüchtiger. Früher hatte er Manuela für sich gehabt und hatte sie nur mit seinen beiden Söhnen teilen müssen. Nun schien seine Frau ein ganz eigenes Leben zu haben. Durch den Druck in der Firma bekam Rainer immer mehr Selbstzweifel und Depressionen. Das Leben wurde für ihn immer schwerer, je besser es für Manuela wurde. Anfänglich fragte Manuela noch nach, was mit ihm los sei. Doch nachdem er die Probleme immer nur bestritt und sich immer mehr in sich selbst zurückzog, hörte Manuela irgendwann auf, ihren Mann nach seinen Problemen zu fragen. Sie lebte ihr Leben und überließ Rainer seinem Frust.

Durch ihre neue Arbeit lernte sie Wolfgang kennen. Er war lebenslustig und offen, so ganz anders als der Trübsal blasende

Rainer. Wolfgang trug Manuela auf Händen. Bei ihm konnte sie sich anlehnen und fühlte sich beschützt und geborgen. Bei Rainer musste sie immer stark sein, und das war sie mittlerweile restlos leid. Es ergab sich eins zum anderen, und Manuela fing mit Wolfgang eine heimliche Affäre an. Es tat ihr so gut, und sie hatte das Gefühl, dass sie mit Wolfgang viel glücklicher wäre als mit Rainer. Auch Wolfgang wollte mit Manuela eine richtige Beziehung führen und nicht ihr heimlicher Liebhaber sein.

Zwei Wochen vor Rainers grausamer Tat erklärte Manuela Rainer, dass sie einen anderen Mann liebte und sich von Rainer trennen wolle. Sie würde Ende des Monats aus dem gemeinsamen Haus mit den Kindern ausziehen. Rainer war von dieser Tatsache völlig schockiert und wütend auf Manuela, die ihre ganze Familie und Rainers Leben für immer zerstören wollte. Wenn Manuela ging, war das schon schlimm genug, aber wenn sie ihm auch noch die Kinder wegnahm, dann war das für ihn unerträglich. Dies durfte niemals geschehen, denn sonst würde er zugrunde gehen.

Manuela hatte bereits als Kind immer gerne im Mittelpunkt gestanden. Sie war die mittlere von drei Töchtern. Ihre jüngere Schwester war nur ein Jahr jünger als sie selbst. Die beiden hingen zusammen wie Pech und Schwefel. Sie gingen beide in dieselbe Klasse, hatten die gleichen Freundinnen und verliebten sich in die gleichen Jungen. Wo auch immer Manuelas jüngere Schwester war, da war auch sie selbst. Beide hatten etwa zur gleichen Zeit den ersten Freund, und auch danach unternahmen sie das meiste gemeinsam. Die Situation änderte sich erst, als Manuelas Schwester mit ihrem Traummann zusammen war. Sie war sehr in den jungen Mann verliebt und glücklich wie noch nie. Doch auch Manuela war in den jungen Mann verliebt. Sie selbst hatte gerade keinen Freund, und eigentlich kannte sie den Auserwählten ihrer Schwester schon einige Wochen länger als diese. Es gefiel ihr gar nicht, dass ihre Schwester diesen Mann bekommen hatte und sie keinen. Es war an einem verhängnisvollen Tag, als der junge Mann an der Tür stand, um ihre Schwester zu besuchen und diese noch nicht nach Hause gekommen war. Sonst war keiner zu Hause, und Manuela bot ihm etwas zu trinken an. Verliebt und fasziniert schmachtete sie ihn heimlich an. Während es immer später wurde, verstanden sich die beiden prächtig. Nach einigen Bier war er locker und entspannt. Manuela konnte einfach nicht anders, sie rutschte näher zu ihm hin. Als er keine Anstalten machte, sich abzuwenden, küsste Manuela ihn. Er ging auf ihre Küsse ein und keiner von beiden hörte, dass Manuelas Schwester nach Hause kam. Sie erwischte beide in einer eindeutigen Lage. Dies war das Ende der Freundschaft zwischen den beiden Schwestern. Manuela versuchte, sich zu entschuldigen, doch ihre Schwester verzieh ihr das nie. Sie zog in eine weit entfernte Stadt und sprach kein Wort mehr mit Manuela.

Von da an hängte Manuela sich an eine Freundin. Sie wollte einfach nicht allein sein. Jedes Mal, wenn eine Beziehung nicht mehr so lief, wie sie es wollte, dann beendete sie diese, indem sie eine neue Beziehung einging. Wenn sie eine Zeit lang in einer festen Beziehung war, fing sie an, sich zu langweilen. Sie sah in anderen Männern immer bessere Partner, bessere Liebhaber, bessere Männer. Immer begegnete ihr ein Mann, der ihr besser schien als ihr aktueller Partner. Ohne mit der Wimper zu zucken, verließ sie ihren jeweiligen Partner und wendete sich einem neuen zu. Dabei machte sie sich keine Gedanken über die Gefühle der Verflossenen. Manuela sah immer nur nach vorne, niemals zurück. Dies wurde erst besser, als sie mit Rainer zusammen war. Rainer brauchte sie, und Manuela unterbrach das Muster aus ihrer Jugendzeit für eine ganze Weile, doch irgendwann fiel sie wieder in ihr altes Muster zurück.

Entwicklungsweg

Manuela ist in ihrem bisherigen Leben über Leichen gegangen, vielleicht nicht im wörtlichen, aber im übertragenen Sinn. Sie hat in ihrem Leben bereits viele Menschen verletzt. Sie hat sich nicht darum gekümmert, wie es den verstoßenen Menschen ging, sondern hat immer nur an sich gedacht. Sie hat die Menschen um sich herum wie Besitz behandelt. Wenn sie keinen Bedarf mehr für sie hatte, hat sie sie einfach ausgetauscht. Sie hat ihre Schwester aus Eifersuchtsgründen tief verletzt und deren glückliches Leben ohne Skrupel zerstört. Nachdem ihre Schwester den Kontakt mit ihr abgebrochen hatte, hat Manuela sich eine Freundin gesucht, die die Rolle ihrer Schwester übernahm. Sämtliche Männer in ihrem Leben hat sie ebenfalls nur benutzt und dann von einem Tag auf den anderen fallen gelassen. Doch so darf kein Mensch mit anderen umgehen.

**Menschen sind keine Wesen,
die man »verwenden« kann, solange man will,
um sie danach einfach »abzulegen«.**

Rainer hat Manuela ihr Verhalten mit seiner Tat gespiegelt. Er nahm beide Söhne mit in den Tod, weil er sie nicht hergeben wollte. Er dachte bei seiner Tat nicht an die Gefühle Manuelas, so, wie auch sie nie an die Gefühle anderer dachte. Man kann und darf Menschen nicht einfach austauschen wie Gegenstände. Menschen sind nicht austauschbar, und genau diese Erfahrung muss Manuela nun durch Rainers Tat machen.

Der Tod der eigenen Kinder ist immer ein massiver Eingriff ins Seelenheil eines Menschen. Nichts vermag einen Menschen mehr aus seiner Lebensbahn zu werfen als ein solches Schicksal. Die Steigerung dazu ist der gewaltsame, absichtlich herbeigeführte Tod eines Kindes. Eine weitere Steigerung ist, wenn mehrere Kinder gleichzeitig betroffen sind. Was im Falle eines erweiterten Suizids besonders hinzukommt, ist die Tatsache, dass ein Mensch, dem man vertraut hatte, für den Tod der Kinder verantwortlich ist. In vielen Fällen handelt es sich bei dem Täter sogar um den Menschen, der einem die Kinder einst schenkte und nun durch seine Tat wieder nimmt. Meist ist es der Vater oder die Mutter, die ihre Kinder nicht in diesem Leben zurücklassen möchte – Menschen, die ihre Kinder lieben sollten, die ihre Kinder beschützen müssten und nicht töten.

**Unsere Kinder gehören uns nicht.
Wir haben kein Recht auf sie. Wir haben lediglich die Gnade, sie im Leben begleiten zu dürfen.**

Eltern zu sein, heißt nicht, seine Kinder zu besitzen. Es heißt nicht, darüber entscheiden zu dürfen, was aus dem jungen Leben werden soll.

Eltern zu sein, heißt, den Kindern alles zu geben, was sie im Leben brauchen.

Doch Eltern dürfen niemals über das Leben ihrer Kinder bestimmen. Dieses Recht hat niemand auf der Welt, auch wenn viele Eltern das nicht verstehen.

Nicht die Eltern besitzen ihre Kinder, sondern Kinder besitzen ihre Eltern.

Jeder Elternteil sollte sich freuen, wenn seine Kinder es besser haben, als er selbst es hatte. Jeder Elternteil sollte glücklich sein, wenn seine Kinder das Leben weiterführen, wenn der eigene Abschied gekommen ist. Durch unsere Kinder führen wir auch hier auf Erden dieses Leben fort. Unsere Kinder sorgen auch hier auf Erden für die menschliche Unsterblichkeit. Kinder sind der größte Schatz auf Erden. Hüten Sie ihn gut, denn er ist ein Teil Ihrer selbst.

Kinder sind Ihr spirituelles, seelisches und weltliches Erbe.

Koma – zwischen Leben und Tod

Sabine freute sich über den sonnigen Wintertag. Sie war bereits früh morgens mit einigen Freundinnen aufgebrochen, um den Tag in den Bergen zu verbringen. Es war schon eine ganze Zeit her, seit sie das letzte Mal beim Skifahren war, denn ihr Mann war beruflich sehr eingespannt, und allein wollte sie nicht zum Skifahren. Daher kam ihr der »Weibertag«, den ihre Freundin vorgeschlagen hatte, gerade recht.

Es war bereits früher Nachmittag, und die vier Frauen hatten schon viele Abfahrten hinter sich. Die Sonne stand hoch am Himmel und glitzerte auf dem weißen Untergrund. Sabine rückte die Skibrille kurz zurecht und fuhr in Bögen den steilen Hang hinunter. Plötzlich traf sie ein harter Schlag gegen den Rücken und Hinterkopf. Sabine blieb die Luft weg, es wurde ihr schwarz vor Augen, und sie stürzte auf den steilen Boden. Ihr Körper schlitterte mit dem Kopf voraus den eisglatten Abhang hinunter. Etwa dreihundert Meter tiefer machte die Piste eine Kurve nach rechts. Sabine rutschte jedoch geradeaus, ungebremst in eine Gruppe von Tannen. Ihr Kopf knallte gegen einen Stamm, und sie blieb mit schwersten Kopfverletzungen liegen.

Andere Skifahrer und zwei ihrer Freundinnen fuhren sofort zu der Unglücksstelle und alarmierten die Bergrettung. Sabine war nicht ansprechbar. Sie wurde vor Ort intubiert und beatmet. Ein Hubschrauber brachte sie schwerverletzt in eine nahe gelegene Unfallklinik.

Rolf, Sabines Ehemann, wurde von einer der Freundinnen über den Unfall seiner Frau informiert. Er setzte sich sofort ins Auto und fuhr zu der Klinik. Als Rolf ankam, war es bereits Abend, und Sabine hatte schon einige Untersuchungen hinter sich. Der diensthabende Arzt erklärte ihm, dass seine Frau sehr schwere Kopfverletzungen mit neurologischen Schäden erlitten habe sowie dass mehrere innere Organe beschädigt waren. Mehrere Chirurgen würden Sabine gerade notoperieren, um ihr Leben zu retten. Der Arzt schickte Rolf weg, da die Operation noch dauern könnte. Er solle sich lieber ausruhen und am darauffolgenden Tag wiederkommen, dann wüsste man mehr. Sollte irgendetwas geschehen, würden sie ihn telefonisch verständigen.

Rolf suchte sich ein nahegelegenes Hotel und ging am nächsten Morgen gleich wieder zum Krankenhaus. Sabine lag auf der Intensivstation. Der Anblick, den sie ihrem Mann bot, war unbeschreiblich. Vor vierundzwanzig Stunden, als Sabine sich von ihm verabschiedet hatte, war ein wunderschönes Lächeln auf ihren Lippen gewesen. Ihr halblanges blondes Haar hatte sie zu einem Pferdeschwanz zusammengebunden. Schlank, sportlich und attraktiv war Sabine gewesen. Nun lag sie in dem Intensivbett mit Verbänden um Kopf, Arme und Beine. Viele Schläuche führten aus ihrem Körper heraus und wieder hinein. Neben dem Bett war ein Monitor, der Sabines Vitalfunktionen überwachte. Immer wieder piepste es, und eine Maschine beatmete seine Frau im regelmäßigen Rhythmus. Seine wunderschöne Frau sah aus wie ein zerschlagenes Wrack, mehr tot als lebendig.

Es dauerte mehrere Tage, bis Sabine außer Lebensgefahr war. Doch die Schäden am Gehirn waren so schlimm, dass sie unter einem apallischen Syndrom litt. Wann und ob sie überhaupt jemals aus dem Wachkoma aufwachen würde, konnten die Ärzte Rolf nicht sagen.

Rolf hatte seine Frau mit Mitte 30 an die ewige Dunkelheit verloren. Ihr Körper war noch da, doch ihr Geist schien weit weg zu sein. Sabine würde nach dem Unfall nie mehr wie vorher werden, sie würde für den Rest ihres Lebens ein Pflegefall bleiben ...

Vorgeschichte

Sabine war eine schöne, junge und sehr sportliche Frau. Sie war erfolgreich in ihrem Beruf als Marketingchefin eines Konzerns und verdiente sehr viel Geld. Sie lernte Rolf kennen, als sie Anfang 30 war. Als der Unfall geschah, waren die beiden erst seit drei Jahren verheiratet.

Rolf war kein unbeschriebenes Blatt. Er und sein älterer Bruder hatten sehr unter dem Scheidungskrieg der Eltern gelitten. Rolfs zwei Jahre älterer Bruder Karsten war daraufhin im Alter von 17 Jahren in eine Clique gerutscht, die Drogen konsumierte. Zwei Jahre später dealte Karsten auch ein wenig. Rolf bewunderte Karsten und fand in der schwierigen Zeit auch nur Halt bei ihm. Er eiferte Karsten in allem nach. Daher war er im Alter von 16 Jahren ebenfalls in der Clique involviert und nahm ebenfalls Drogen. Auch Alkohol spielte in der Gruppe eine Rolle. An einem Abend hatte Rolf besonders viel getrunken und dazu geraucht, sodass er völlig außer Kontrolle war. Er prügelte auf einen anderen jungen Mann ein und wurde verhaftet. Er kam in eine Entzugsklinik und gelobte Besserung. Doch einige Monate später war wieder alles beim Alten. Immer wieder kam er mit dem Gesetz in Konflikt und verbüßte auch mehrere Gefängnisstrafen wegen Drogenbesitzes und Schlägereien. Im Alter von 25 Jahren wurde Rolf durch die Brustkrebserkrankung seiner Mutter aus seinem Negativtrott gerissen. Er versprach seiner Mutter Besserung, bekam sich einigermaßen in den Griff und krempelte sein Leben um. Er trank nicht mehr so viel und machte eine Psychotherapie gegen die Aggressionen. Zwei Jahre später starb Rolfs Mutter an dem Krebsleiden. Zu seinem Vater hatte er wenig Kontakt und traf ihn nur selten. Karsten, sein Bruder, war immer noch in Drogen- und andere zwielichtige Geschäfte verwickelt. Doch Rolf liebte seinen Bruder und traf sich gerne mit ihm. Er war seine Familie, auch wenn er in kriminelle Machenschaften verwickelt war.

Einige Jahre später lernte Rolf Sabine auf einer Party kennen und verliebte sich in sie. Sabine war die Frau seiner Träume. Sie verkörperte alles, was Rolf erreichen wollte. Rolf wollte diese Frau unbedingt haben, um jeden Preis. Nach einigen Wochen wurden die beiden ein Paar, und Rolf war überglücklich. Er liebte Sabine und bewunderte sie. Sie war für ihn die schönste Frau der Welt, humorvoll und unglaublich lieb. Sie kam aus einer Familie mit sehr gutem Hintergrund. Rolf selbst hatte nur noch seinen Bruder und einen Vater, mit dem er sich wenig verstand. Als die Beziehung der beiden ernster wurde, nahm Sabine ihren Freund mit zu einer Familienfeier. Sabines Eltern waren skeptisch gegenüber Rolf, da er aus ganz anderen Kreisen kam. Sabines Onkel, der ein bekannter Anwalt war, kannte die Geschichten von Rolfs Bruder und seinen illegalen Geschäften. Als er Sabines Eltern davon erzählte, waren sie entsetzt und gegen die Beziehung ihrer Tochter mit diesem Mann.

Sabine liebte Rolf, aber sie liebte auch ihre Familie. Doch ihre Eltern blieben hart, denn Sabines Vater, wie auch ihr Onkel, hatte einen guten Ruf zu verlieren. Daher stellten Sabines Eltern ihre Tochter vor die Wahl: »Entweder Rolf oder deine Familie. Wenn du mit Rolf zusammenbleibst, sind wir geschiedene Leute, so leid es uns tut.«

Rolf bekniete Sabine, bei ihm zu bleiben. Sie brachte es nicht übers Herz, Rolf zu enttäuschen. Außerdem liebte sie ihn ebenfalls. Ihre Eltern hätten niemals gedacht, dass Sabine sich für Rolf entscheiden würde, aber sie tat es. Dennoch litt sie unter der Trennung von ihrer Familie. Keiner aus ihrer Familie kam zu ihrer Hochzeit mit Rolf. Sie wurde nicht mehr zu den Familienfeiern eingeladen und war von ihrer geliebten Familie wie abgeschnitten. Dies schmerzte Sabine sehr, auch wenn sie selten darüber sprach. Sie stürzte sich daher in ihre Arbeit und hoffte, dass eines Tages ihre Eltern wieder auf sie zukämen und sie dann wieder eine Familie wären.

Entwicklungsweg

Rolf wollte Sabine für sich allein. Er wollte dies um jeden Preis. Er hat Sabine von ihrer geliebten Familie abgeschnitten. Man darf jedoch keinen Menschen für sich allein beanspruchen. Auch wenn Sabine Rolf sehr geliebt hat, hätte er nicht sein Glück über das seiner Frau stellen dürfen. Manchmal muss man aus Liebe eher verzichten. Manchmal muss man, wenn man wahrhaft liebt, das Glück des anderen in den Vordergrund stellen. Dies ist echte und richtige Liebe. Dies ist Liebe ohne Bedingungen.

Manchmal bedeutet Liebe Verzicht, Verzicht für das Glück des anderen.

Vielleicht hätte Rolf versuchen sollen, auf seine eigene Familie, auf seinen Bruder zu verzichten, wenn dieser sich immer noch in unlautere Machenschaften verstrickte. Doch dies hatte Rolf nicht in Erwägung gezogen. Er wollte einfach alles und hat dadurch Sabine vieles genommen.

Nun hat er Sabine für sich, doch diese Sabine ist nicht mehr die Sabine, die sie vor ihrem Unfall war. Diese Sabine ist ein anderer Mensch. Nun kann er zeigen, wie ernst es ihm mit seiner Liebe war. Denn durch Sabines schwere Verletzungen ist auch Rolfs Leben ein völlig anderes als zuvor. Die Sabine, die jetzt noch auf Erden weilt, ist nur noch ein Schatten ihrer selbst. Denn Sabines Seele weilt nun eher an einem anderen Ort als auf Erden. Dieser kleine Rest von Sabine ist alles, was Rolf von ihr geblieben ist. Hätte er sie vorher mehr losgelassen, dann gäbe es heute für ihn vielleicht noch mehr von Sabine. Nun ist seine Sabine nicht mehr erfolgreich, nicht mehr nur schön, nicht mehr sportlich. Nun ist Sabine wie ein kleines Kind, um das man sich permanent kümmern muss.

Auch Sabines Familie, und besonders ihre Eltern, muss die Konsequenzen ihres Handelns nun erfahren. Ihre Eltern haben damals ihre Tochter aus ihrem Leben geschnitten. Nun ist Sabine wahrhaftig aus dem Leben geschnitten, zumindest aus dem Leben, wie sie es hier auf Erden führte. Zunächst war Sabine nur für ihre Familie gestorben. Nun lebt sie wirklich am Rande des

Todes. Nun wird sich zeigen, ob Sabines Familie für ihre Tochter über ihren Schatten springen kann und für sie da ist. Ebenso zeigen wird sich, ob Sabines Verwandte dafür mit Rolf in Kontakt treten werden und sich nun gemeinsam mit ihm um Sabine kümmern.

Wenn man jemanden für immer aus seinem Leben verbannt, sorgt manchmal der Tod für Ehrlichkeit und Wahrheit.

Fehlgeburt und Totgeburt

Sonja war glücklich: In ihrem Bauch wuchsen zwei Babys heran. Bereits vor einigen Jahren hatte sie ein Baby in der achten Schwangerschaftswoche verloren. Damals war sie noch mit einem anderen Mann zusammen gewesen, und das Baby war nicht geplant gewesen. Doch nun war sie wieder schwanger und bekam zwei kleine Mädchen, zwei kleine Prinzessinnen. Endlich würde sie Mutter werden. Endlich hatte sie den richtigen Partner, um eine Familie zu gründen, und dann bekamen sie auch noch gleich zwei Kinder, zwei Mädchen, die sie in die gleiche hübsche Kleidung stecken konnten. Zwei Mädchen – dies bedeutete für sie doppeltes Glück.

Sonja war bereits am Ende des fünften Schwangerschaftsmonats, und ihr Bauch war bereits deutlich gerundet. Abends saß sie mit ihrem Mann Günter gerne auf dem Sofa, und beide legten sie die Hände auf Sonjas Bauch, um die Bewegungen ihrer beiden

Töchter zu spüren. Günter war genauso glücklich wie sie. Zärtlich streichelte ihr Mann dann über ihren gerundeten Leib und sprach mit den Töchtern.

Doch heute war irgendetwas anders. Die beiden Mädchen waren schon seit dem Mittag sehr ruhig gewesen. Abends legte Günter wieder seine Hände auf Sonjas Bauch, doch ihre beiden Babys bewegten sich nicht. »Vielleicht schlafen sie gerade«, meinte Günter. »Ja vielleicht«, meinte Sonja, aber sie war etwas verunsichert. Sie hatte ein komisches Gefühl. »Es wird schon alles in Ordnung sein«, redete sie sich ein, und auch Günter beruhigte sie. »Du warst in den letzten Tagen viel unterwegs. Jetzt ruhe dich erst einmal aus. Vielleicht war es einfach ein wenig zu viel für dich und die beiden. Morgen wird wieder alles normal sein.« Doch auch am nächsten Morgen spürte Sonja ihre Babys nicht mehr. Am späten Vormittag suchte sie ihren Frauenarzt auf. Dieser machte einige Untersuchungen, während deren Verlauf sein Gesicht immer ernster wurde. »Es tut mir sehr leid«, sagte er dann mit versteinerter Miene, »aber die Babys sind tot. Sie haben keinen Herzschlag mehr.«

Sonja wurde gleich in die Klinik geschickt. Auch dort wurde der Tod der beiden Babys bestätigt. Sie bekam Wehen fördernde Medikamente per Infusion und brachte ihre beiden kleinen, toten Töchter auf natürlichem Weg auf die Welt. Sie waren noch sehr winzig und dennoch »richtige« Babys, nur viel kleiner als normal. Sonja und Günter waren am Boden zerstört. Ihr Traum einer eigenen Familie war mit den beiden Töchtern gestorben.

Vorgeschichte

Sonja hatte bereits ein Baby verloren. Doch damals wollte sie auch kein Baby haben. Sie war damals ungewollt schwanger geworden, zu einer Zeit, als es um ihre damalige Beziehung nicht gut stand. Dennoch war sie sehr traurig, als sie das Baby verlor. An dem Verlust und der darauf folgenden Trauer scheiterte dann auch die damalige Beziehung, denn ihr Partner war fast erleichtert über den Tod des Babys, da er selbst noch nicht für ein Kind bereit war. Sonja konnte dies nicht verstehen, und irgendwann ging die Beziehung zu Ende, obwohl Sonja ihren damaligen Freund ursprünglich sehr geliebt hatte. Eigene Kinder waren ihr sehr wichtig, und sie wollte auch nicht ewig darauf warten. Irgendwann passten die unterschiedlichen Lebensvorstellungen von Sonja und ihrem Freund einfach nicht mehr zusammen. Damals hatte sie sehr mit dem eigenen Schicksal gehadert, denn eine sehr gute Freundin von ihr hatte in der Jugend ein Baby abgetrieben. Dies war eine Sache, mit der Sonja nicht klarkam: Eine Freundin hatte ein gesundes Baby getötet, und sie selbst verlor ein Baby, obwohl sie es geliebt und sich so darauf gefreut hatte.

Als sie später Günter kennenlernte, war sie unendlich glücklich. Mit ihm konnte sie über ihren damaligen Verlust sprechen, und auch Günter wollte eigene Kinder haben. Sie hatte ihren Traumpartner gefunden. Beide wollten miteinander eine Familie gründen.

Günter hatte in seiner Jugend einen folgenschweren Fehler gemacht. Er sprach nicht gerne über diese Sache, denn er wünschte, sie wäre nie geschehen. Er versuchte, diese Sache einfach zu ignorieren. Schließlich waren seitdem viele, viele Jahre vergangen, und er hatte sich geändert. Er wollte einfach nichts mehr von damals wissen, denn es war eine Sache, auf die man alles andere als stolz war. Er schämte sich sehr dafür, daher ignorierte er sein schlechtes Gewissen einfach. Mittlerweile waren auch so viele Jahre vergangen, dass er die Angelegenheit schon fast als bösen Traum abtun konnte, aber eben nur fast.

Günter war damals, in seiner Jugend, viel leichtsinniger gewesen als heute. Er hatte sich gut und stark gefühlt und ein übergroßes Vertrauen darin besessen, dass alles gutgehen würde, dass nichts geschehen könnte, denn das Leben war schön, das Leben war gut, und er fühlte sich stark und unbesiegbar. Er wollte immer cool sein und bewundert werden. Er machte sich keine Gedanken über die Folgen seiner Taten, warum auch, es war ihm ja schließlich nie etwas Schlimmes zugestoßen – bis zu jenem Tag. Er wollte zu 120 % leben. Er wollte zu den Starken zählen, zu denen, die sich alles trauten, zu denen, die von allen bewundert und geachtet wurden. Er wollte der Star sein, der Star der Schule, der Star seiner Freunde, der Star des Lebens. Er war cool und so überzeugt, dass alles nur für ihn da war, dass sich alles nur um ihn drehte. Jeder bewunderte Günter für seine starke Art, auch Bernd, sein bester Freund. Sie kannten sich bereits seit der Sandkastenzeit und verbrachten jede freie Minute miteinander. Bernd war auch cool, doch Günter versuchte, immer noch etwas cooler zu sein.

Beide kamen in der Nacht von einer wilden Party, in der viel Alkohol geflossen war und gingen zu Fuß nach Hause. Es war tiefe

Nacht, und sie grölten durch die Landschaft und wankten nebeneinander her. Dabei kamen sie auch an einem reißenden Fluss vorbei, und Günter kam auf die blödsinnige Idee, mitten in der Nacht baden zu gehen. Bernd war in seinem Rausch hellauf begeistert. Beide zogen sich die Kleidung aus und kletterten auf die Brücke. Es war Ende November, bitterkalt, und der Fluss führte viel Wasser. Die beiden Freunde standen nebeneinander auf der Brüstung und schauten in das sprudelnde Wasser. »Also los«, meinte Günter lachend, »auf drei.« Bernd schwankte neben ihm vor und zurück. »Ja, auf drei.« Dann fing Günter an zu zählen: »Eins, zwei und drei …« Bernd sprang in die Fluten, doch Günter tat es nicht. Er schaute dem Kopf seines Freundes hinterher, wie er einige Male auftauchte und dann wieder unter Wasser geriet. Dann verlor er Bernd aus den Augen. Günter hätte niemals gedacht, dass Bernd wirklich springen würde, denn der Fluss war dafür bekannt, im Herbst viele Wasserwirbel zu haben und äußerst gefährlich zu sein. Doch anscheinend war Bernd zu betrunken gewesen, um noch daran zu denken. Günter zog sich wieder an und suchte noch eine Weile nach Bernd, dann ging er müde und halb erfroren nach Hause. Zu Hause angekommen, legte er sich betrunken, wie er war, ins Bett und schlief ein.

Am nächsten Morgen war die Hölle im Dorf los, denn Bernds Leiche wurde ein ganzes Stück flussabwärts gefunden. Günter erzählte niemanden davon, dass er bei Bernd gewesen war, als dieser von der Brücke gesprungen war. Er behauptete, dass sie sich bereits davor auf dem Heimweg getrennt hätten, und Bernd noch nicht nach Hause hatte gehen wollen. Niemand wusste von seiner Beteiligung, und er gab sich genauso betroffen vom Tod seines Freundes wie alle anderen. Günter versuchte, diese unglückselige Nacht aus seinem Bewusstsein zu verdrängen. Er wollte einfach nicht darüber nachdenken, was für eine folgeschwere Tat er begangen hatte.

Bernds Tod hatte ihn zwar verändert – er war vorsichtiger geworden und handelte überlegter –, aber er ignorierte seinen Anteil an dem schrecklichen Unglück. Niemandem erzählte er davon. Dieses Geheimnis bewahrte er tief in seinem Inneren. Er bemühte sich, diese Nacht einfach aus seinem Gedächtnis zu streichen. Bernd war tot, und daran ließ sich nichts mehr ändern. Auch wenn er seine Beteiligung zugeben würde, würde dies nichts an Bernds Tod ändern. Daher beschloss er, für immer darüber zu schweigen, bis ans Ende seiner Tage.

Entwicklungsweg

Günter hatte schwere Schuld auf sich geladen. Vielleicht war es nur als ein blöder Streich gedacht. Vielleicht war es nur ein dummer Unfall. Aber Tatsache ist, dass sein Handeln zum Tod von Bernd geführt hat. Er hat sich niemals in seinem Leben dieser Verantwortung gestellt. Er hat niemals den Gedanken zugelassen, seinen besten Freund in den Tod geführt zu haben. Er hat nie wirklich den Verlust seines Freundes betrauert. Er war sich seiner Schuld nicht wirklich bewusst und hat jegliche Verantwortung von sich weggeschoben. Bernd ist gestorben, und Günter hat sein Leben fortgesetzt, ohne viel darüber nachzudenken, ohne sich viele Gedanken zu machen, ohne das Geschehene zu verarbeiten. Günter mag vielleicht sein Leben danach etwas ruhiger angegangen sein, aber er hat sich niemals seiner Verantwortung für das ganze Unglück gestellt. Er hat niemals darüber nachgedacht, welche Folgen sein Tun hatte. Bernd war zu betrunken, um zu wissen, was er tat, doch Günter war es offensichtlich nicht gewesen. Er hätte die Verantwortung für sein Tun übernehmen müssen. Er hätte wissen müssen, welche Folgen seine Tat haben würden. Er hätte es niemals tun dürfen, und er hätte erst recht nicht so tun dürfen, als ginge ihn das Ganze nichts an und als wäre er völlig unbeteiligt an Bernds Tod.

Die Vergangenheit holt uns immer irgendwann ein, auch wenn wir noch so sehr versuchen, sie zu verdrängen.

Wir müssen uns dessen bewusst werden. Auch wenn die Lebensmühlen langsam mahlen, so mahlen sie. Irgendwann müssen wir uns dem stellen, was geschehen ist. Und auch Günter muss sich nun dem Thema Verlust stellen. Man kann einen Menschen nicht einfach nur abhaken. Man kann einen Menschen nicht einfach nur beerdigen und so tun, als wäre nichts Schlimmes geschehen. Man kann die Uhr nicht zurückdrehen, aber man kann die Verantwortung für sein Handeln übernehmen. Diese Pflicht hat jeder Mensch. Denn egal, was wir tun, es verändert diese Welt. Wir können nicht anschließend alles unter den Teppich kehren und so tun, als wäre nichts geschehen. Denn unser Handeln ist immer nachhaltig, egal, wie viel Zeit seitdem vergangen ist. Auch wenn wir kleine Fehler machen, werden wir dies spüren. Doch die Folgen großer Fehler werden wir niemals ignorieren können. Dies dürfen wir auch nicht, denn sonst ist unser Leben hier als Mensch sinnlos und vergeudet.

Überlegen Sie in jedem Augenblick, was Sie tun. Tun Sie nichts einfach nur so. Handeln Sie immer mit Bedacht!

Günter muss sich nun durch den Tod seiner beiden ungeborenen Töchter mit dem Thema Verlust auseinandersetzen. Er muss lernen, was es bedeutet, jemanden zu verlieren. Er muss lernen, was es bedeutet, zu trauern, was es heißt, ein Kind zu verlieren, so wie Bernds Eltern damals ihren Sohn verloren haben. Damals wollte er die Erfahrung nicht machen. Er zog es vor, alles zu verdrängen. Nun muss er diese Erfahrung am eigenen Leib machen, denn nun ist seine Familie direkt mit den Themen Tod und Trauer konfrontiert. Er wollte sich damals seiner Taten nicht bewusst werden. Nun sind seine Kinder gegangen, bevor sie wahrhaftig gelebt haben, bevor er sie richtig kennenlernen konnte. Günter durfte seine Töchter niemals lebend im Arm halten. Er durfte niemals ihr Lächeln sehen, niemals ihr Weinen hören. Günter durfte seine Töchter nie lebend sehen. Wie eine Mahnung an die Vergangenheit kamen sie für einige Wochen in sein Leben und sind dann einfach für immer wieder gegangen.

Kinder, die sterben, bevor sie gelebt haben, werden vom Umfeld oft nicht gleichermaßen betrauert wie von ihren Eltern. Die Eltern sind mit ihrem Schmerz dabei in der Regel ganz allein. Niemand steht den Eltern richtig bei, denn viele Menschen meinen, dass die Natur ihre Gründe hat, warum ein Baby nicht leben darf. Daher wird Günter nun die Erfahrung machen müssen, dass niemand mehr an seine Töchter denkt, wenn einige Zeit vergangen ist. Sie haben ja auch nie wirklich gelebt. Genau so wie er Bernd aus seinem Leben gestrichen hat, wird er dies nun mit seinen beiden Töchtern erleben. Er wird diesen Schmerz spüren, doch außer seiner Frau wird keiner in seinem Umfeld dieses Leid genauso nachvollziehen wie er. Nun ist er mit seiner Trauer so gut wie allein.

Die Trauer um ein ungeborenes Kind macht einsam. Sie trennt die Betroffenen vom Rest der Welt.

Sonja muss durch den Verlust lernen, dass sich Probleme, die man hat, nicht einfach lösen lassen, indem man eine Komponente ändert. Probleme lassen sich niemals durch einen einfachen Wechsel lösen. Die Probleme verfolgen uns, bis wir uns ihnen stellen. Wenn wir versuchen, sie zu ignorieren, werden die Folgen oft nur schlimmer. Dies geschieht so lange, bis wir die Probleme wahrhaftig gelöst haben.

Wir können vor Problemen nicht weglaufen, denn sie verfolgen uns wie Schatten.

Praktische Hilfe zur Trauerarbeit

Jeder Mensch trauert anders. Daher fühlen sich viele Menschen in ihrer Trauer unverstanden. Sie fühlen sich einsam und allein. Sie schämen sich vielleicht auch, denn ihr Umfeld erwartet von ihnen, dass sie nach einiger Zeit wieder stark sind. Wenn wir das Gefühl haben, dass niemand den Verstorbenen so sehr geliebt hat wie wir, dann meinen wir, dass auch niemand so sehr um ihn trauern kann wie wir selbst.

Trauer gehört in unserer westlichen Welt zum Tod dazu. Doch manchmal versinken Menschen zu sehr in Leid und Schmerz, sodass sie ohne Hilfe nicht mehr allein aus ihrem Elend finden. Solche Menschen haben durch den Tod eines geliebten Angehörigen auch ihr eigenes Leben begraben. Doch dies wollte weder die verstorbene Seele, noch das sogenannte Schicksal, denn sonst wären diese Menschen selbst gestorben.

Das Leben ist unendlich kostbar, denn nicht umsonst stürzt uns der Tod in tiefe Verzweiflung.

Doch solange noch ein Hauch Leben in Ihnen steckt, hegen und pflegen Sie es. Wertschätzen Sie Ihr Leben, und freuen Sie sich, dass Ihre Lebensuhr noch läuft. Unsere Bestimmung auf Erden ist es, zu leben, mit und ohne Schmerz, mit und ohne Leid.

Die Zeit heilt nicht alle Wunden, aber sie lässt Narben der Erinnerung entstehen.

Trauern ist wichtig, und Sie sind dabei nicht allein. Auch andere Menschen erleiden Verluste, denn in jedem Augenblick sterben

Menschen, die Angehörige hinterlassen. Und alle diese Angehörigen müssen lernen, mit dem Verlust klarzukommen. Sie müssen lernen, dass die Sonne dennoch scheint. Sie müssen lernen, dass Glück und Frieden sie niemals ganz verlassen haben, auch wenn es in dem Moment den Anschein haben mag.

**Wo Leben ist, da ist auch Sterben.
Wo Trauer ist, da ist auch Freude. Wo Leid ist, da ist auch Glück. Wo Liebe ist, da ist auch Frieden.**

Der Tod zerstört uns nicht. Der Tod überfällt uns nicht. Der Tod verwandelt uns lediglich vom Menschen zu Seele. Der Tod sorgt für das menschliche und das seelische Wachstum.

Der Tod sorgt für die Evolution.

Unterschiedliche Arten der Trauer

Nur weil keine Tränen fließen,
heißt das nicht,
dass ich dich nicht unendlich vermisse.

Trauer ist etwas Persönliches und so unterschiedlich, wie Menschen sind. Nicht jeder trauert gleich. Nicht jeder trauert, wie wir es verstehen. Wichtig ist, dass wir beim Trauern nicht meinen, irgendwelche Vorstellungen anderer erfüllen zu müssen, denn die

Trauer hat nur etwas mit uns und dem Verstorbenen zu tun. Niemand anderes hat das Recht, sich dort einzumischen. Niemand anderes hat das Recht, uns zu sagen, wie wir trauern müssen.

Es gibt Menschen, die nur für sich allein trauern. Und es gibt Menschen, die sehr nach außen trauern. Auch die Dauer der Trauer ist sehr unterschiedlich und kommt auch sehr auf die Einstellung zum Thema Tod an. Wenn es der erste Todesfall einer uns nahestehenden Person ist, den wir durchleben, dauert die Trauer meist länger, als wenn wir uns bereits öfter im nahen Umfeld mit dem Tod auseinandersetzen mussten.

**Je öfter uns der Tod begegnet,
desto leichter fällt uns der Umgang damit.
Doch dies bedeutet nicht, dass wir weniger trauern.**

Trauer kann uns innerlich beschäftigen, ohne dass es unser Umfeld bemerkt. Trauer ist auch etwas, was niemals wirklich ganz endet. Auch wenn es viele Jahre her ist, dass jemand, den wir liebten, verstarb, werden wir immer noch um ihn trauern. Denn sein Tod macht uns auf ewig traurig, doch wir können irgendwann damit leben.

**Trauer hört niemals ganz auf,
denn der Verlust eines Menschen bleibt,
egal, wie viele Jahre vergangen sind.**

Manche Trauernde ziehen sich eine Weile lang komplett zurück. Sie wollen nicht angesprochen werden und wollen nicht über den Tod sprechen. Sie brauchen diese Ruhe, um mit der veränderten Situation klarzukommen. Manche Menschen versinken regelrecht in der Trauer und brauchen sehr lange, um wieder zurück in ihr eigenes Leben zu finden.

Manchmal ist die Trauer still und manchmal sehr intensiv. Bei manchen Menschen ist die Trauer beständig, bei anderen kommt sie in Wellen.

Trauer kann in alle Richtungen schweifen. Sie kann voller Zorn und Wut sein, voller Hass und Schmerz. Sie kann sich aber auch in Dankbarkeit, Liebe und Achtung ausdrücken. Sie kann sich in einer inneren Leere zeigen oder in unendlicher Kreativität. Es gibt lautes und stilles Leid. Es gibt laute und leise Trauer. Es gibt wilde und zarte Trauer. Es gibt eine ruhige Trauer. Es gibt Tränen und Weinkrämpfe genauso wie Verlegenheitslachen. Es gibt Angst, Erleichterung und unendliche Liebe in der Trauer. Es gibt Gemeinschaft und Einsamkeit in der Trauer. Es gibt den Wunsch nach dem eigenen Tod und den Wunsch, für den anderen weiterzuleben.

In der Trauer ist alles möglich, jedes Gefühl, jeder Ausdruck, jede menschliche Reaktion. Dafür gibt es keine Normen, keine Vorschriften und kein Besser oder Schlechter. Trauer befällt uns. Sie kommt einfach, wie ein Schauer, wie ein Überfall. Wir können sie nur schlecht steuern, und wir können sie schon gar nicht verhindern. Wenn wir jemanden lieben und dann durch den Tod verlieren, dann ist die Trauer unsere Art und Weise, zu sagen, dass er uns fehlt. Es ist unsere Stimme, die die Liebe zu ihm in den

Himmel schreit. Es ist unser Weg zu sagen, dass er immer noch Teil von uns ist, dass er immer noch mit uns verbunden ist, dass der Tod uns nicht trennen kann, denn unsere Liebe ist viel stärker als jede körperliche Trennung. Sie ist unsere energetische Verbindung, sie ist unsere seelische, ein Leben lang andauernde, unendliche, tiefe und ewige Liebe.

Trauer ist Ausdruck unserer Persönlichkeit und unserer ureigenen Seele.

Niemand kann uns vorhersagen, wie unsere Trauer aussehen wird. Sie ist auch bei ein und demselben Menschen niemals gleich, denn es sind schließlich auch unterschiedliche Menschen, die er durch den Tod verloren hat. Daher ist auch der Ausdruck unserer Trauer jedes Mal etwas anders, je nach dem, wer uns verlassen hat.

Die Trauer spiegelt immer unser jeweiliges Seelendasein wider.

Dieses ist niemals gleich. Vielleicht haben wir jemanden verloren, mit dem wir viel lachen konnten. Dann gedenken wir desjenigen eventuell mit einem traurigen Lächeln auf den Lippen. Vielleicht war es ein Mensch, mit dem wir oft gestritten und diskutiert haben. Dann sind wir vermehrt mit ernstem Gesichtsausdruck in Gedanken an den Verstorbenen versunken.

Die Trauer hängt auch von der Art und dem Zeitpunkt des Todes eines Menschen ab.

War der Verstorbene alt und hatte ein gutes Leben hinter sich, war sein Tod einfach und leicht, dann fällt es uns auch leichter, ihn in unserer Trauer von dieser Welt gehen zu lassen. War es aber ein junger Mensch, der einen unschönen Tod erleben musste, dann wird die Trauer um den Verlust des Menschen mit viel mehr Gegenwehr verbunden sein. Dann hadern wir mit dem Tod. Wir weigern uns lange Zeit, dieses Schicksal anzunehmen. Die Trauer wird uns dadurch tiefer und stärker in ihren Händen halten. Sie wird uns dadurch länger nicht loslassen, so, wie wir den Verstorbenen ebenfalls schwerer gehen lassen können.

Trauer ist ein Gefühl,
das sich niemals manipulieren lässt.

Trauer zulassen

Dein Verlust ist wie ein Leben
ohne jeden Halt, wie Atmen ohne Luft,
wie ein Versinken im tiefen Ozean
meiner Tränen.

Jeder Mensch, der einen tiefen Verlust erfahren hat, trauert. Wenn ein geliebter Mensch unsere Welt verlassen hat, um in eine andere Form des Lebens zu wechseln, dann macht uns das unendlich traurig. So vieles wollte man noch gemeinsam erleben, so vieles gemeinsam erfahren. Mit dem geliebten Menschen ist ein wichtiger Teil des Lebens gestorben, denn dieser Mensch war ein Teil unseres Lebens. Er hat zu uns gehört, und nun fehlt uns dieser Teil.

Durch den Tod entsteht eine Leere, die sich mit nichts auf Erden füllen lässt.

Diese Leere wird uns ein Leben lang begleiten – so lange, bis auch wir eine Leere auf Erden hinterlassen, weil wir ebenfalls für immer gehen.****

Trauer ist richtig und gut. Sie ist nichts, was wir unterdrücken sollten. Ganz im Gegenteil: Eine Zeit lang müssen wir die Trauer leben. Wir müssen sie geschehen lassen, denn so, wie wir nicht einfach aufhören können, zu atmen, so können wir auch nicht einfach aufhören, zu trauern.

Trauer hilft uns, den Verlust zu verarbeiten. Sie hilft uns, zu verstehen, was geschehen ist. Sie hilft uns, zu erkennen, was sich alles geändert hat.

Trauer ist nicht unser Feind, sondern Teil unserer Gefühle.

Leben Sie Ihre Trauer aus. Geben Sie sich Zeit, wenn ein geliebter Mensch gestorben ist. Nehmen Sie sich, wenn möglich, einige

**** Auch wenn eine Person wiedergeboren wird, geht sie für immer aus dieser Welt. Die Seele wird zwar wieder in diese Welt als Mensch hineingeboren, doch es wird sich um eine andere Person handeln, in der sie lebt.

Tage bis Wochen Urlaub, wenn Sie das Gefühl haben, nicht mehr weiterzukönnen. Es ist völlig in Ordnung, wenn Sie erst einmal Zeit für Ihre Trauer brauchen. Wenn Urlaub nicht möglich ist, oder Sie Ablenkung brauchen, dann kann und sollten sie dennoch trauern. Auch wenn Sie sich von Ihren Mitmenschen unverstanden fühlen, können Sie trauern. Tun Sie es dann für sich.

Immer, wenn Sie das Gefühl haben, dass Sie tiefe Trauer wegen Ihres Verlustes überkommt, dann geben Sie ihr nach. Vielleicht geht das nicht sofort, weil Sie in dem Moment beruflich beschäftigt sind oder Menschen um Sie sind, die das nicht verstehen würden. Dann warten Sie so lange, bis es möglich ist. Allerdings sollten Sie sich noch am selben Tag Zeit für Ihre Trauer nehmen.

Trauer lässt sich nicht wirklich mit Zeit definieren. Es kommt dabei auf die Umstände und auf den Zeitpunkt des Todes an, genauso wie auf die Beziehung, die wir zu dem Verstorbenen hatten, auf uns selbst und unsere bisherige Auseinandersetzung mit dem Thema Tod. Wenn jemand durch den Tod eines geliebten Menschen wirklich schwer erschüttert ist, dann kann die Trauer durchaus auch zwei bis fünf Jahre dauern. Die Trauer um diesen Menschen wird ihn nie ganz loslassen. Wichtig ist jedoch, dass er es schafft, sein eigenes Leben trotz der Trauer zu leben und nicht im Meer der Depression zu versinken.

**Trauer darf sein.
Sie darf nur nicht auf Dauer
unser Leben bestimmen.**

Akzeptieren Sie als Erstes die Trauer. Setzen Sie sich mit dem Tod des geliebten Menschen eingehend auseinander. Klären Sie für sich, warum er Sie verlassen musste. Diese Erklärung muss nicht die richtige für andere sein, aber Sie müssen Ihre Erklärung für den Tod finden. Wenn Ihnen das schwerfällt, dann suchen Sie sich einen Coach oder Therapeuten, der auf seelischer Ebene arbeitet.

**Wenn wir den Tod verstehen,
und wenn er für uns einen Sinn ergibt,
dann können wir ihn besser akzeptieren.**

Dies bedeutet aber nicht, dass wir dann nicht mehr traurig über den Tod des geliebten Menschen sind. Denn er wird uns dennoch für den Rest des Lebens fehlen. Da hilft auch alles Verstehen nichts, aber wir lernen leichter, mit dem Schmerz umzugehen und den Tod als notwendigen Teil des Lebens zu akzeptieren.

**Leben und Tod sind eine Einheit.
Der einzige Unterschied ist,
auf welcher Seite von beiden wir stehen.**

Übung:

Suchen Sie sich Zeiten, in denen Sie sich zurückziehen können, Zeiten, in denen Sie niemand stört und Sie niemand beobachtet. Schalten Sie möglichst alle Störquellen aus. Diese Zeit gehört nur Ihnen, Ihrem geliebten Verstorbenen und Ihrer Trauer, niemandem sonst. Widmen Sie diese Zeit nur sich beiden und Ihrer Trauer. Denken Sie an den geliebten Menschen. Erinnern Sie sich an alles, was Sie hatten und was Sie nun verloren haben. Geben Sie sich Ihrer Trau-

rigkeit hin. Lassen Sie ihr den Freiraum, den sie braucht und den sie von Ihnen fordert. Weinen Sie, schreien Sie, jammern Sie, oder klagen Sie, was immer Ihr Bedürfnis ist. Lassen Sie Ihre Trauer zu. Geben Sie ihr den notwendigen Raum, denn sie erzählt Ihnen lediglich, wie sehr Sie den verstorbenen Menschen geliebt haben. Sie flüstert Ihnen zu, wie viel Sie verloren haben. Sie spricht von Ihrem Schmerz. Sie spricht von Ihrem Leid, und das ist momentan ein Teil Ihres Selbst. Sie können nicht immer auf der Sonnenseite des Lebens stehen, denn auch Regen, Sturm und Gewitter sind Teil des Lebens. Momentan ist die Sonne für Sie vielleicht nicht zu sehen, doch irgendwo anders scheint sie dennoch. Und eines Tages werden auch Sie die Sonne wieder sehen.

Gefühle äußern

Hörst du meine Seele schreien?
Siehst du meine Tränen fließen?
Fühlst du meinen Schmerz?
Spürst du meine ewig währende Liebe?

Wenn wir Menschen uns im Leben gegenüberstehen, dann fällt es uns leicht, unseren Gefühlen freien Lauf zu lassen. Dann lachen wir, weinen wir, schreien und brüllen wir, je nachdem, in welcher Stimmung wir uns befinden. Doch wenn es um einen Toten geht, dann meinen wir, uns zusammenreißen zu müssen. Wir meinen, wir müssten uns im Griff haben, wir müssten stark sein, wir dürften uns nicht gehen lassen, weil wir uns sonst vor Gott und der Welt blamierten.

Gefühle, die in uns toben, brauchen ein Ventil.

Es ist niemals gut, wenn wir diese Gefühle unterdrücken und uns für sie versperren, denn in irgendeiner Form werden sie zu einem späteren Zeitpunkt aus uns herausbrechen. Und dies geschieht dann meist in einer Form, die viel schlimmer ist.

Körperliche Beschwerden und Krankheiten können die Folge von unterdrückten Gefühlen sein.

Weinen Sie, wenn Sie weinen müssen. Ziehen Sie sich irgendwohin zurück, und lassen Sie die Tränen fließen. Füllen Sie einen ganzen See mit Ihren Tränen, wenn Sie Ihren geliebten Menschen so sehr vermissen.

Schreien Sie Ihren Schmerz hinaus. Klagen Sie über den Verlust. Gehen Sie an einen Ort, an dem Sie keiner hört, und dann lassen Sie alles hinaus, Ihre Wut, Ihren Frust, Ihren Schmerz und Ihr Leid. Schreien Sie sich wirklich alles von der Seele. Schreien Sie so laut, dass es die Engel im Himmel hören können und Ihr über alles geliebter Mensch.

Gefühle, die Ihre Seele belasten, bilden Energieblockaden. Sie bringen den Fluss Ihrer Lebensessenz zum Stocken.

Lassen Sie nicht zu, dass Ihre Gefühle Sie beherrschen, sondern beherrschen Sie Ihre Gefühle.

Sie müssen ihnen Raum und Zeit geben. Sie dürfen sie nicht vor sich selbst verstecken oder für eine längere Zeit unterdrücken. Sie können aber bestimmen, wann Sie ihnen den Raum geben können und wollen, den sie fordern. Außerdem können Sie bestimmen, wann Sie ihnen die Zeit geben können. Und Sie können bestimmen, vor wem Sie diese Gefühle zulassen. Doch seien Sie sich selbst gegenüber ehrlich. Belügen Sie sich nicht selbst.

Wenn es sein muss, dann belügen Sie die ganze Welt, aber seien Sie sich selbst gegenüber stets ehrlich, was Ihre Gefühle betrifft.

Sie sind hier, um zu leben. Sie sind hier, um gesund zu sein. Machen Sie die verstorbene Seele nicht unglücklich, indem Sie unnötiges Leid über sich selbst bringen. Denn die Seele liebt Sie, und sie wünscht Ihnen nur das Allerbeste auf Erden. Dafür hat sie Sie verlassen. Sie ist aus Liebe zu Ihnen gegangen. Machen Sie diese seelische, göttliche Liebe nicht kaputt. Ehren Sie das Geschenk Ihrer Entwicklung. Es ist der größte Dienst einer anderen Seele. Das ist reine, pure, wahre Liebe. Es ist die seelische Göttlichkeit.

Liebe ist das Gefühl, das alle anderen Gefühle in Ihrem Inneren formt.

Lassen Sie deshalb den Schmerz zu, lassen Sie Ihr Leid zu, lassen Sie Ihre Wut, Ihren Hass und Ihre Trauer zu. Und dann verwandeln Sie sie zurück in ihren Ursprung, in die unendliche Liebe, die Sie für den Menschen, den Sie in diesem Leben verloren haben, empfinden.

Wenn Sie tief in sich suchen, werden Sie aber auch positive Gefühle in sich finden. Sie werden lächeln müssen, wenn Sie an eine schöne Begegnung mit dem verlorenen Menschen denken. Vielleicht müssen Sie auch einmal lachen, denn Ihre gemeinsame Vergangenheit hatte sicher auch lustige und frohe Phasen. Denken Sie auch an diese Augenblicke zurück. Holen Sie sich diese Erinnerungen in Ihr Bewusstsein, und dann lachen Sie herzlich im Gedenken an den komischen Augenblick. Das Lachen muss nicht lange sein, aber es gehört auch zu Ihrer gemeinsamen Vergangenheit.

Strahlen Sie, wenn Sie an die schöne gemeinsame Zeit denken. Egal, wie lange sie währte, diese Zeit kann Ihnen niemand nehmen. Sie ist Ihr Schatz, Ihr Reichtum, Ihr heiliges Geschenk. Stellen Sie sich vor, Sie hätten diesen Menschen nicht gekannt. Stellen Sie sich vor, dieser Mensch hätte niemals gelebt. Dann wären Sie jetzt nicht voller Trauer, aber die gemeinsam verbrachte schöne Zeit wiegt doch viel mehr als der Schmerz, den Sie durchleben müssen.

**Die schöne Zeit,
die man mit dem Verstorbenen verbracht hat,
ist viel wertvoller als die Zeit der Trauer.**

Schreien Sie Ihre Liebe zum Himmel, und Sie werden Ihre Antworten erhalten. Denn Liebe überwindet alle Barrieren. Liebe durchdringt alles. Liebe ist überall. Liebe ist in uns und um uns herum.

Liebe ist unendlich und grenzenlos.

Niemand kann Sie von Ihrem Umfeld trennen, wenn Sie das nicht wollen. Niemand kann Sie von anderen Menschen trennen, es sei denn, Sie lassen es zu. Niemand kann Sie von sich selbst trennen, es sei denn, Sie lassen es geschehen. Niemand kann Ihnen Ihre Liebe nehmen und auch niemand die Objekte dieser Liebe. Es ist unwesentlich, ob es sich dabei um Gegenstände, lebende oder tote Menschen handelt.

Niemand kann Sie von den Seelen trennen, die Ihnen lieb sind – weder im Hier und Jetzt noch im Jenseits.

Leben Sie die Gefühle, die Sie empfinden. Ignorieren Sie sie niemals. Lassen Sie sie geschehen und zu, wann immer es geht. Doch schlucken Sie sie niemals einfach so hinunter. Sonst entwickeln sie sich irgendwann zu einer innerlichen »Bombe«, die eines Tages explodiert und Sie dabei zerstören kann. Gefühle sind Ausdruck Ihrer Seele. Sie gehören daher genauso zu Ihnen wie Ihre Seele selbst.

Gefühle sind die Sprache unserer Seele.

Sie sind ein wichtiger Teil unseres Selbst. Menschen ohne Gefühle sind furchtbar. Man kann sie weder ertragen noch sind sie in der Lage, ein normales menschliches Leben zu führen. Menschen leben von und mit ihren Gefühlen. Daher leben und lieben Sie sie, auch wenn sie Sie manchmal zu behindern scheinen, auch wenn Sie sie manchmal nicht fühlen wollen, weil sie zu sehr wehtun. Auch schmerzende Gefühle muss es geben, denn sie dienen dem Ausdruck unseres Leids.

Gefühle zeigen unseren Kern. Sie zeigen unser wahres Empfinden. Sie machen uns erst zu liebenden Menschen. Sie machen uns ehrlich. Sie machen uns aber auch verletzlich. Daher meinen viele Menschen, dass Gefühle schlecht wären. Doch dies ist nicht so, denn nicht die Gefühle verletzen uns, sondern es sind die Menschen, die ohne Rücksicht auf unsere Empfindungen agieren. Es sind Menschen, denen es gleichgültig ist, was wir fühlen oder wie es uns geht. Doch die Wahrscheinlichkeit, durch das Zeigen und Ausleben von Gefühlen von anderen Menschen verletzt zu werden, ist geringer, als die, verletzt zu werden, wenn wir unsere Gefühle zu verstecken versuchen und unser Gegenüber daher nicht weiß, wie es uns in Wirklichkeit geht.

Viele Verletzungen im zwischenmenschlichen Bereich geschehen durch eine falsche Interpretation unseres Gefühlszustandes.

Reden Sie über Ihre Gefühle. Sagen Sie den Menschen, dass Sie immer noch traurig sind wegen des Verlustes, den Sie erleiden mussten. Tun Sie nicht so, als wäre alles in Ordnung, nur um stark zu wirken. Denn das sind Sie nicht. Das sind Sie nie gewesen, und Sie sollten auch nicht versuchen, dorthin zu gelangen. Seien Sie so, wie Sie sind. Verstellen Sie sich nicht für andere. Bleiben Sie stets authentisch.

Wenn Sie Traurigkeit empfinden, dann seien Sie traurig. Wenn Sie Glück empfinden, dann seien Sie glücklich. Auch wenn Ihnen der Mensch, den Sie so geliebt haben, nun fehlt, hatten Sie unendliches Glück, ihn kennengelernt zu haben, unendliches Glück, dass er Sie eine Zeit lang in Ihrem Leben begleitet hat. Glück kann man nicht festhalten. Glück dauert niemals ewig, doch wir können lernen, das Glück in unserem Leben zu erkennen. Denn es ist überall vorhanden, auch wenn wir es manchmal erst sehen, wenn es wieder vorbei ist.

Der Mensch erkennt sein Glück oft erst, wenn er es wieder verloren hat.

Denken Sie nicht an die Stunden, in denen der Verstorbene Ihnen fehlt. Sondern blicken Sie zurück auf die vielen Augenblicke Ihrer gemeinsamen Zeit. Danken Sie dem Verstorbenen für alles Schöne, das er in Ihr Leben gebracht hat. Danken Sie ihm für alles, was er Sie gelehrt hat, vor und auch nach seinem Tod.

Danken Sie dafür, dass der Verstorbene Teil Ihres Lebens war.

Übung:

Vielleicht gehören Sie zu den Menschen, die ihre Gefühle nicht gerne ausleben, denen dies unangenehm ist. Vielleicht erheben Sie nicht gerne Ihre Stimme, sodass andere Ihre Gefühle hören könnten.

Dann geben Sie Ihren Gefühlen eine andere Ausdrucksmöglichkeit. Nehmen Sie ein großes Blatt Papier, und malen Sie Ihre Gefühle darauf. Lassen Sie den Pinsel oder den Stift das Sprachrohr Ihrer Gefühle sein. Es ist nicht wichtig, wie das Bild am Ende aussieht. Wichtig ist es, den eigenen Gefühlen Raum zu geben. Malen Sie jedes Mal, wenn es Sie innerlich zerreißt, wenn Ihre Gefühle Sie blockieren, wenn sie in Ihnen arbeiten und Sie in Besitz zu nehmen scheinen. Malen Sie immer dann, wenn Ihnen danach ist. Beschriften Sie die Bilder mit dem Datum, an dem Sie sie gemalt haben, und bewahren Sie sie auf. So können Sie beobachten, wie sich Ihre Gefühle verändern.

Wenn Sie nicht gerne malen, dann spielen Sie Musik, die Ihrer innerlichen Verfassung entspricht. Vielleicht tanzen Sie gerne zur Musik. Oder Sie spielen selbst ein Instrument, und geben Ihren Gefühlen auf diese Weise Ausdruck.

Vielleicht sind Sie auch eher sportlich und gehen laufen, um sich abzureagieren, oder Sie machen ein Work-out.

Es gibt unendlich viele verschiedene Möglichkeiten, seine Gefühle auszuleben, ohne schreien zu müssen, die dennoch Erleichterung bringen. Leiten Sie Ihre Gefühle in Energie um, und lassen Sie sie fließen.

Aussprache

Es gab noch so viel zu sagen.
Es gab noch so viel zu erzählen.
Es gab noch so viel zu fragen.
Doch nun bist du für immer fort …

Wenn ein Mensch plötzlich stirbt, dann gibt es viele Dinge, die wir ihm noch hätten mitteilen wollen. Die ganze Zeit haben wir das vor uns hergeschoben, denn wir waren der Meinung, dafür immer noch genügend Zeit zu haben. Doch durch den Tod dieses Menschen ist der geeignete Augenblick ungenutzt verstrichen und die Worte können nie mehr ausgesprochen werden.

Der geeignete Augenblick, um etwas zu sagen, was uns in den Sinn kommt, ist immer nur jetzt.

Später haben wir vielleicht keine Gelegenheit mehr dazu, es von Mensch zu Mensch zu sagen. Dann passt der Augenblick vielleicht aber auch nicht mehr. Daher sollte man Dinge, die man auf dem Herzen hat, immer gleich äußern.

Doch auch wenn ein Mensch nicht plötzlich stirbt, sondern wir vor seinem Tod noch einmal die Gelegenheit für ein Gespräch haben, können wir vieles nicht mehr aussprechen, was uns vielleicht wichtig gewesen wäre. Schließlich möchte man den Sterbenden nicht noch mehr belasten oder nicht auch noch an dessen Lebensende mit ihm diskutieren oder streiten.

Bei fast jedem Todesfall bleiben ungesagte Worte in uns zurück.

Worte, die uns schwer auf der Seele liegen, Worte, die uns für den Rest unseres Lebens beschäftigen können, Worte, die uns hätten befreien können, wenn wir sie rechtzeitig geäußert hätten, Worte, die uns bedrücken, die uns belasten und die viele Menschen in »Schubladen« stecken, damit sie sich nicht mit ihnen beschäftigen müssen. Die Schubladen mögen vielleicht geschlossen sein und lange Zeit auch bleiben. Doch die Dinge, die sie enthalten, sind deshalb noch lange nicht weg. Im Gegenteil: Die Dinge in den Schubladen warten nur darauf, dass die Lade durch irgendeinen Anlass leicht aufgezogen wird und sie mit aller Macht nach außen drängen können. Die Schubladentaktik ist bei uns Menschen sehr weit verbreitet und ein beliebtes Verdrängungsmittel. Doch dies löst weder die Probleme, noch ersetzt sie die Worte, die wir vergessen haben, rechtzeitig zu sagen.

Die Welt ist voll unbeantworteter Fragen, weil Menschen ihre Chance verpasst haben.

So viele Dinge hätten wir gerne noch gewusst, gerne noch erfahren, doch der einzige Mensch, der sie uns hätte beantworten können, hat uns in Richtung Jenseits verlassen. Der einzige Mensch, der sie uns hätte beantworten können, ist im Diesseits für immer verstummt. So bleibt uns nichts anderes übrig, als mit den offenen Fragen weiterzuleben und über die richtigen Antworten zu grübeln.

Fragen zu uns selbst, Fragen zu unseren Vorfahren, Fragen zum Leben der verstorbenen Person, Fragen, Fragen und Millionen mögliche Antworten – all das bewegt uns nach einem Todesfall. Es beschäftigt uns, neben unserer Trauer über den Verlust des geliebten Menschen. Doch das muss nicht sein.

Auch wenn wir es zu Lebzeiten der betroffenen Peron verpasst haben, unsere Fragen zu stellen oder der Person Dinge zu sagen, die uns wichtig gewesen wären, muss uns dies nicht für den Rest unseres Lebens belasten.

Wenn wir die Toten auch nicht mehr akustisch hören können, bedeutet dies nicht, dass wir uns nicht mit ihnen unterhalten können. Ganz im Gegenteil: Es gibt keine besseren Zuhörer als Seelen im Jenseits. Denn sie unterbrechen uns nicht mitten im Satz oder geben auch keine Widerworte. Sie wissen bereits, was uns belastet, bevor wir die Worte ausgesprochen haben. Sie spüren unseren Schmerz, wenn wir mit ihnen energetisch in Liebe verbunden sind. Sie spüren alles, was uns belastet, und sie wissen davon. Wir müssten es ihnen daher überhaupt nicht erzählen, aber wenn wir es nicht tun, werden wir selbst das Problem nicht los.

Seelen im Jenseits sind die besten Seelsorger, denn sie haben Verständnis für jedes Problem.

Reden und sprechen Sie daher mit dem Verstorbenen. Erzählen Sie ihm alles, was Ihnen auf dem Herzen liegt. Er wird ihnen zuhören. Er wird bei Ihnen sein, und er wird Ihnen all seine Liebe auf energetischem Weg senden.

Wir sind niemals allein, denn alle, die wir lieben, sind bis in alle Ewigkeit mit uns verbunden. Dies gilt sowohl für die, die mit uns im Diesseits weilen, als auch für die verstorbenen Seelen. Sie sind bei uns, wann immer wir sie in unserer Nähe haben wollen.

In Wirklichkeit gibt es keine verschiedenen Orte oder Räume. Dies ist nur eine menschliche Vorstellung, eine Täuschung.

Es gibt nur den einen Ort. Dort, wo wir sind, ist dieser Ort. Denn wir sind mit allem verbunden, was ist. Wir sind niemals von irgendetwas, was uns wichtig ist, getrennt. Dies ist überhaupt nicht möglich, denn es ist ein Teil unseres Selbst. Es ist nur ein Aspekt unserer Seele. Und auch die Menschen, die wir lieben, sind Teile und Aspekte unserer eigenen Seele. Wir Menschen meinen, eine räumliche Trennung zu empfinden, doch diese existiert nicht. Alles, was Sie lieben, ist in Ihrem Herzen. Es ist in Ihrer energetischen Aura, und es ist in Ihrer allumfassenden Seele.

Sie sind Seele, und alles Seelische sind Sie. Sie sind niemals von der Seele getrennt.

Daher können wir durch den Tod auch niemanden verlieren. Dies entspricht ebenfalls menschlichem Denken. Genauso, wie die Zeit nur eine menschliche Täuschung ist und in Wirklichkeit nicht existiert. Denn alles, was geschieht, geschieht immer nur jetzt. Das heißt, wenn ein Mensch, den Sie lieben, stirbt, geschieht das in Wirklichkeit zur gleichen Zeit wie Ihr eigener Tod. Sie meinen lediglich, von ihm getrennt zu sein, und Sie meinen, dass Sie eine gewisse Anzahl an Jahren ohne ihn leben müssen. Doch überlegen Sie einen Augenblick, und denken Sie zurück an einen Menschen, den Sie vor vermeintlich vielen Jahren verloren haben. Erinnern Sie sich an die letzten Augenblicke mit diesem Menschen. Sie erinnern sich vermutlich daran, als ob es erst gestern gewesen wäre, dass Sie ihn das letzte Mal getroffen haben. Sie kennen immer noch seine Gesichtszüge, seine Art, sich zu bewegen. Sie sehen ihn vor Ihrem geistigen Auge, als würde er vor Ihnen stehen.

Es gibt weder Raum, noch Zeit, noch Trennung im Leben. Alles ist eins.

Daher können Sie jederzeit mit Ihrem geliebten Verstorbenen reden. Sie können ihm von Ihren Sorgen erzählen, von Ihren Ängsten, von Ihren Träumen, von Ihrer Liebe. Sie können ihm alles erzählen, was Sie bedrückt, und auch alles, was Sie erfreut. Der Verstorbene war Teil Ihres Lebens, er ist Teil Ihres Lebens, und er wird auch immer Teil Ihres Lebens sein.

Liebe verbindet uns mit allem. Sie überwindet auch den Tod.

Sie mögen vielleicht keine in Ihrer Realität hörbare Antwort von der verstorbenen Seele erhalten, aber seien Sie sicher: Sie antwortet Ihnen. Sie müssen nur in sich hineinfühlen und in Ihrer eigenen Seele nach den Antworten der verstorbenen Seele suchen. Denn Sie beide sind eins. Sie sind wie ein und dieselbe Seele, denn Sie empfinden auch ein und dieselbe Liebe.

Übung:
Sorgen Sie dafür, dass Sie nicht gestört werden. Setzen Sie sich an einen gemütlichen Ort. Schließen Sie die Augen, und atmen Sie tief ein und aus. Denken Sie an die verstorbene Seele, die Sie so vermissen. Erinnern Sie sich an die schönen Augenblicke, die Sie gemeinsam verbrachten. Senden Sie dieser Seele all Ihre Liebe. Lassen Sie die Energie zu ihr fließen. Fühlen Sie die Seele nun? Spüren Sie, wie sie Sie zart umarmt, wie sie Sie berührt? Fühlen Sie sich gehalten und über alles geliebt? Spüren Sie, wie die Seele Ihnen über Rücken und Schultern streicht und eine Wärme Sie an diesen Stellen umgibt? Das ist die Liebe dieser Seele. Das ist die Verbindung, die Sie jederzeit mit dieser Seele aufbauen können. Das ist die Energie, die Sie immer und jederzeit in Liebe umgibt.

Nun sprechen Sie mit dieser Seele. Erzählen Sie ihr von dem Schmerz, den Sie empfinden. Erzählen Sie ihr von Ihren Problemen. Erzählen Sie ihr alles, was Ihnen auf dem Herzen liegt.

Wenn Ihnen das Erzählen schwerfällt, dann schreiben Sie der Seele einen Brief. Schreiben Sie ihr einen Brief, in dem alles steht, was Sie bedrückt, was Sie beschäftigt. Dann senden Sie diesen Brief in Gedanken per Post ab. Legen Sie den Brief zu den Erinnerungsstücken an den Verstorbenen, und lassen Sie ihn dort wirken. Lesen Sie ihn erst nach einiger Zeit wieder, und denken Sie darüber nach, was sich verändert hat. Haben sich die Probleme in der Zwischenzeit gelöst? Beschäftigen Sie alle Dinge noch genauso wie damals? Haben Sie Frieden mit der Seele gefunden?

Kommunikation mit dem Verstorbenen

Ich bin bei dir, und du bist bei mir, bis ans Ende der Zeit.

Seelen sprechen nicht auf menschliche Art und Weise zu uns. Achten Sie daher nicht nur auf menschliche Zeichen. Seelen haben eine ganz eigene Sprache, die für lebende Menschen nicht immer leicht zu entziffern ist. Doch sie reden jederzeit mit uns. Sie schicken uns viele Zeichen im Rahmen ihrer Möglichkeiten, um uns Lebende wissen zu lassen, dass es ihnen gut geht und wir uns nicht um sie sorgen müssen.

Gehen Sie daher mit offenen Augen durchs Leben. Sehen Sie sich um, und lassen Sie sich dabei von Ihrem Inneren führen, nicht von Ihrem Verstand. Denn mit unserer menschlichen Begrenztheit übersehen wir sonst leicht die Botschaften unserer lieben Verstorbenen. Die Seelen sind auch nicht immer in der Lage, sofort zu antworten, wenn Sie ihnen eine Frage stellen. Oft kommt die Antwort zeitlich verzögert, Stunden oder Tage später. Denn dort, wo die Seelen nun sind, gibt es keine Zeit im irdischen Sinne.

Die Zeichen unserer Verstorbenen sind oft symbolischer Natur.

Wenn wir eine Frage gestellt haben, deren Antwort uns wichtig ist, dann kann diese beispielsweise eine Zeile in einem Buch sein, das wir gerade lesen. Oder wir sehen ein Bild, das uns eine Antwort liefert. Vielleicht ist es auch der Text eines Liedes, das wir hören. Auf jeden Fall müssen wir bereit und offen für die Dinge sein, und wenn uns etwas begegnet, nicht alles abstreiten und meinen, das wäre reiner Zufall gewesen.

Im Leben gibt es keinen Zufall, sondern alles hat seinen Sinn und Zweck. Nichts geschieht einfach nur so.

Eine weitere Möglichkeit, mit den lieben Verstorbenen zu kommunizieren, ist das Träumen. Wir werden nicht oft von ihnen träumen und schon gar nicht dann, wenn wir es unbedingt wollen. Doch immer, wenn wir von ihnen träumen, können wir diesen Traum aufschreiben und analysieren. Träume sagen uns oft etwas Wichtiges, doch auch hier gilt wieder die Symbolik. Das bedeutet, dass wir die Bilder und Worte deuten müssen, um Antworten auf unsere Fragen zu bekommen, denn die Antworten werden selten direkter Natur sein.

Träume sind generell ein gutes Medium, um mit verstorbenen Seelen zu kommunizieren. Wir sehen darin ihre Gesichter, wir hören ihre Stimmen, wir sehen ihre Bewegungen, genau wie im richtigen Leben. Wir können im Traum die Toten umarmen, sie fühlen und spüren. Wir können ihnen sagen, wie sehr wir sie lieben, und ihnen nahe sein, genau wie zu ihren Lebzeiten.

Träume können das Tor zum Jenseits öffnen, wo wir unsere Lieben besuchen.

Diese Träume sind wie wahre Schätze, wenn wir jemanden vermissen, den wir durch den Tod verloren haben. Wir können lernen, unseren Geist zu trainieren und uns im Schlaf bewusst zu machen, dass wir von einer verstorbenen Seele träumen. Dadurch können wir beim Aufwachen noch eine Weile im Traumbewusstsein bleiben und uns den Traum mit allen seinen Bildern besser im Gedächtnis behalten. Wir entscheiden uns erst dann, vollständig aufzuwachen, wenn der Traum klar vor unserem geistigen Auge erscheint.

Träume, in denen verstorbene Seelen vorkommen, sind authentisch, denn unsere Seele begibt sich auf Astralreise und hat wirklich Kontakt zu den Toten.

Wir brauchen vor diesen Träumen keine Angst zu haben, denn die Verstorbenen lieben uns. Sie schaden uns nicht. Diese Träume sind Verbindungen der Liebe. Sie sind einfach nur schön. Diese Träume drehen die Zeit zurück und lassen die Vergangenheit auferstehen. Von einem solchen Traum bekommen wir so viel Liebe und Gefühl, dass wir sehr lange davon zehren können. Solche Träume geben uns unsere Lieben für eine Nacht zurück, auch wenn der Traum vielleicht nur einige Minuten gedauert hat.

Unsere Toten hören uns zu. Sie sind uns fern und doch nur einen Schritt entfernt. Wir können mit ihnen sprechen, wann immer wir möchten. Wir können ihnen alles anvertrauen. Unsere Toten sind wie Schutzengel für uns, die über uns wachen und die wir um Hilfe bitten können. Denn sie wollen nur das Beste für uns, und auch wenn wir während unserer gemeinsamen Lebenszeit einige Probleme mit ihnen hatten, sind diese nun nicht mehr vorhanden. Denn nun haben die verstorbenen Seelen unsere Standpunkte verstanden und tragen uns nichts nach. Im Jenseits gibt es nur Liebe. Daher empfinden sie für uns Liebe und Verständnis.

Übung:
Wenn Sie abends vor dem Schlafen im Bett liegen, dann sprechen Sie mit Ihren lieben Verstorbenen. Erzählen Sie ihnen von dem vergangenen Tag. Berichten Sie ihnen, was geschehen ist, was Sie erlebt haben. Erzählen Sie ihnen, was Sie beschäftigt, was Ihnen Sorgen bereitet. Bitten Sie sie um ihre Hilfe. Bitten Sie sie um ihren schützenden Beistand. Bitten Sie sie um ein Zeichen, wenn Sie Fragen haben. Sagen Sie ihnen, wie sehr Sie sie lieben. Erklären Sie ihnen, wie sehr Sie sie vermissen. Erzählen Sie ihnen alles, was Sie möchten und was Ihnen wichtig ist. Dann wünschen Sie ihnen eine gute Nacht und schließen Ihre Augen. Lösen Sie sich nun von dem Tag, von den lieben Verstorbenen, und schlafen Sie ein.

Tagebuch/Trauerbuch

Erst war das Gefühl, dann kam der Gedanke, und daraus entstand das Wort.

In manchen Fällen hilft es nicht, nur mit anderen Menschen über den Schmerz zu reden. Auch die Kommunikation mit dem Verstorbenen kann in einigen Fällen nicht ausreichend sein, um mit dem Verlust zurechtzukommen. Dies ist oft dann der Fall, wenn der Verstorbene noch sehr jung war und der Tod aus dem Nichts kam und dadurch die Hinterbliebenen in tiefste Verzweiflung gestürzt hat, wenn die schmerzende Wunde bis in die Tiefen der eigenen Seele reicht und das Leben keinen Sinn mehr zu haben scheint, wenn es schwerfällt, den Tod dieses Menschen zu verstehen und als Teil des eigenen Lebens zu akzeptieren. Dann reicht das Gespräch oft nicht aus.

Anderen Menschen von seinem Schmerz in allen Facetten zu erzählen, fällt oft schwer, denn der geschützte Bereich der Seele muss dadurch offengelegt werden.

Wir offenbaren unsere tiefste Verletzlichkeit nicht gerne, denn wir wissen nicht, ob der andere sie versteht. Wir wissen nicht, ob der andere unseren Schmerz wahrhaftig nachvollziehen kann. Wenn der andere nicht in gleicher Form wie wir betroffen ist, dann wird er diesen Schmerz auch nicht in der gleichen Intensität spüren wie wir selbst. Außerdem wollen wir andere meist nicht mit unseren Problemen belasten. Trauer ist ein sehr persönliches und intimes Gefühl, eines, das einsam macht, denn nicht direkt betroffene Menschen wollen nach der Trauer möglichst wieder zum normalen Leben zurückkehren. Schließlich beschäftigt sich keiner gerne mit dem Tod, es sei denn, man muss es tun.

Gibt es niemanden, der im selben oder gleichwertigen Verhältnis zum Verstorbenen stand, dann ist man mit den tiefen Trauergefühlen schnell allein.

So verwundert es nicht, dass nach einigen Wochen niemand mehr von sich aus über den Toten spricht und wir als Trauernde uns einsam in unserem Schmerz fühlen. Ein sogenanntes Trauerbuch oder Tagebuch, welches wir nach dem Verlust zu führen beginnen, kann sehr hilfreich sein. Diesem Tagebuch können wir alles anvertrauen, denn es ist ein Buch nur für uns selbst, für unseren Schmerz und für den verlorenen Menschen. Kein anderer Mensch hat das Recht, darin zu lesen, kein anderer Mensch braucht davon zu wissen.

Das Trauerbuch ist ein Buch der Erinnerung. Es ist ein Buch der tiefen Gefühle und Empfindungen. Das Trauerbuch ist ein Buch der Liebe, aber auch ein Buch des Leids. Dieses Buch ist Zeugnis, dass der Tote nicht vergessen ist, dass er immer noch Teil unseres Lebens ist.

Der Einzige, der außer uns von dem Inhalt des Trauerbuchs erfährt, ist der Tote selbst.

Sie können diesem Buch alles anvertrauen, denn Sie müssen sich nicht für Ihr Leid rechtfertigen. Es gibt niemanden, der Ihnen sagt, dass Sie genug gelitten haben. Es gibt niemanden, der Ihnen sagt, dass Sie zurück in den Alltag sollen. Diesem Buch können Sie Ihre tiefsten Leidensgeheimnisse anvertrauen, denn dieses Buch versteht Sie wie sonst niemand auf der Welt.

Durch dieses Buch haben Sie eine innige Verbindung mit dem Verstorbenen, die Sie jedoch nicht belastet, sondern befreit, denn alles, was tief in Ihrem Inneren vor sich geht, beschäftigt Sie unterbewusst. Es arbeitet in Ihnen. Es gräbt sich hinein in Ihren verwundbarsten Bereich, in Ihr Herz. Durch die Offenbarung Ihrer Gefühle in diesem Buch können Sie sich all den schmerzlichen Ballast des Todes von der Seele schreiben. Dadurch vergessen Sie den Toten jedoch nicht. Ganz im Gegenteil: Sie geben ihm einen ganz persönlichen Raum in Ihrem Leben. Diesen Raum wird er auch immer einnehmen, egal, wie oft Sie an ihn denken. Sie müssen nicht permanent in Gedanken bei ihm sein, um zu zeigen, dass Sie ihn lieben und vermissen.

Als der nun Verstorbene noch gelebt hat, waren Sie ja auch nicht permanent mit ihm zusammen. Daher müssen Sie das auch nicht nach seinem Tod sein, um ihm zu zeigen, dass Sie ihn lieben.

Liebe ist ein sehr starkes Gefühl, und der Tote weiß, dass Sie ihn lieben und vermissen. Sie müssen dem Toten nichts davon erzählen, denn er fühlt Ihren Schmerz genauso, wie Sie ihn fühlen.

Doch für Sie ist es befreiend, dem Schmerz einen Platz zu geben. Dieser Platz sollte nicht in Ihrem Inneren sein, sondern lieber außerhalb von Ihnen. Schreiben Sie sich daher allen Schmerz vom Leib, denn der Schmerz in Ihrem Inneren hilft weder Ihnen noch dem Verstorbenen. Er belastet lediglich Sie beide.

Der Tote möchte Sie glücklich sehen, denn er hat sein Glück im Jenseits bereits im Augenblick des Todes gefunden.

Erzählen Sie ihm davon, warum Sie ihn so sehr vermissen. Erzählen Sie ihm davon, warum Sie so unglücklich sind. Erzählen Sie ihm von Ihrer unendlichen Liebe. Geben Sie ihm alles, was Sie fühlen, und Sie werden alles von ihm zurückbekommen.

Im Tod vergeht lediglich unser Körper, aber wir leben bis in die Unendlichkeit. Nichts von Ihrer Persönlichkeit wird zerstört, wenn Sie diese Welt verlassen, nichts von dem, was Sie wirklich sind. Denn Sie sind nicht Ihr Körper, Sie bewohnen ihn nur. Sie sind nicht das Gesicht, das Sie im Spiegel betrachtet, denn dieses Gesicht ändert sich, je nachdem, wie es Ihnen geht. Es ändert sich, je nachdem, was Sie erleben. Es ändert sich im Laufe der Jahre.

Sie sind Sie, und der Verstorbene ist der Verstorbene. Das ist er jetzt, das war er gestern, und das ist er morgen. Sie brauchen keine Angst zu haben, dass der Tod daran irgendetwas ändern kann. Das hat er nicht bei dem Menschen, den Sie verloren haben, und das wird er auch nicht, wenn Ihr Zeitpunkt gekommen ist.

Der Tod tötet uns nicht. Er erschafft uns neu.

Der Tod gibt uns unsere Unsterblichkeit zurück. Er lässt uns ewig leben. Er gibt uns die Freiheit, die wir im Leben niemals haben. Er gibt uns die Unendlichkeit des Seins. Er gibt uns alles. Das Leben kann uns eigentlich nichts geben, denn unsere Seele lebt nicht im menschlichen Sinne. Sie ist einfach. Sie ist immer und ewig da. Wir können sie niemals töten. Wir können sie niemals verletzen. Wir können sie niemals verlieren, denn sie ist und bleibt unser Sein.

Die Seele ist unsterblich.
Sie ist unsere Göttlichkeit.

Wir Menschen haben Angst vor dem Tod, weil wir uns im Leben oft selbst vergessen, weil wir nicht mehr wissen, wer wir eigentlich sind. Vor lauter Problemen, vor lauter Schwierigkeiten, vor lauter Ängsten, vor lauter Leid und Schmerz denken wir, Mensch zu sein, ein Mensch, der leiden kann und sterben. Doch das sind wir nicht. Wir sind unsterbliche, göttliche Seelen.

Wir sind Teil eines großen Plans. Wir sind hier auf Erden, um uns selbst zu finden. Vielleicht brauchen wir dazu den Tod, damit wir lernen, dass wir nicht sterben können. Wenn wir uns auf den Tod wirklich einlassen, wenn wir den Tod als Teil unseres Lebens verstehen, dann wissen wir, was der Tod in Wirklichkeit ist.

Tief in unserem Kern wissen wir, dass der Tod lediglich eine Illusion des menschlichen Lebens ist.

Schreiben Sie über den Tod, fühlen Sie den Tod, und Sie werden ihn verstehen. Sie werden anfangen, ihn zu begreifen, und Sie werden wissen, dass er Ihnen im seelischen Sinne niemals das Liebste nehmen kann, denn der Tod trennt uns nicht von dem, was wir lieben. Dies kann er nicht, denn wir lieben weiter, auch wenn der Tod dem Objekt unserer Liebe die Körperlichkeit genommen hat. Wir hören niemals auf, zu lieben, nur weil der Mensch, den wir lieben, nicht mehr auf Erden lebt. Dies liegt nicht in der Natur von uns Menschen und schon gar nicht in der Natur von uns Seelen.

**Durch den Tod ändert sich nichts an unserer Liebe.
Ganz im Gegenteil:
Durch ihn wächst sie in die Unsterblichkeit.**

Übung:

Kaufen Sie sich ein Büchlein, dessen Einband dem entspricht, was Sie fühlen, wenn Sie an den Verstorbenen denken. Schreiben Sie auf die erste Seite den Namen des Toten und sein Geburts- und Abschiedsdatum von dieser Welt. Vielleicht möchten Sie auch ein schönes Foto der Person in Ihr Buch kleben.

Dann notieren Sie auf der ersten Seite den aktuellen Wochentag und das Datum. Beginnen Sie nun zu schreiben. Schreiben Sie über die Umstände des Todes des Verstorbenen. Schreiben Sie über die letzten Minuten oder Stunden, die Sie gemeinsam verbracht haben. Danach schreiben Sie jeden Tag, was Sie fühlen. Schreiben Sie, was Sie über seinen Tod denken, was Sie seither erlebt haben. Schreiben Sie darüber, wie Ihr Leben ohne ihn ist. Schreiben Sie darüber, was Sie mit ihm gemeinsam erlebt hätten. Schreiben Sie darüber, was er in Ihrer Vorstellung heute getan hätte. Schreiben Sie alles auf, was Ihnen zu dem Verstorbenen und zu Ihren Gefühlen einfällt. Überlegen Sie nicht lange, sondern schreiben Sie alles auf.

Irgendwann kommt ein Tag, an dem Sie nichts in dieses Buch schreiben, vielleicht weil Sie keine Zeit haben oder weil gerade nichts Erwähnenswertes geschieht. Vielleicht haben Sie an diesem Tag auch einfach nicht das Bedürfnis zu schreiben. Tun Sie es dann auch nicht. Sie müssen nicht jeden Tag schreiben. Es ist völlig in Ordnung, seinen eigenen Rhythmus zu finden. Vielleicht schreiben Sie ohnehin nur einmal in der Woche in dieses Buch. Auch das ist richtig und in Ordnung. Schreiben Sie einfach nur nach Ihrem inneren Bedürfnis, nicht mehr und nicht weniger. Nur weil Sie weniger oder weniger oft schreiben, lieben Sie den Verstorbenen nicht weniger. Das weiß er. Sie müssen weder ihm noch sich selbst etwas beweisen.

Wenn mehrere Wochen oder Monate seit dem Beginn des Schreibens vergangen sind, können Sie auch nachlesen, was Sie seither geschrieben haben. Sie werden dann erkennen, dass Sie unterdessen besser mit dem Tod der geliebten Person umgehen können als zu Beginn. Dies bedeutet wiederum nicht, dass Sie sie weniger lieben oder dass Sie sie langsam vergessen. Das bedeutet lediglich, dass Sie nun mehr wie eine Seele denken und weniger wie ein verzweifelter Mensch.

Wenn Sie möchten, können Sie auch andere Fotos zu der Person oder zu dem Thema in dieses Buch kleben. Das Buch ist Ihr Erin-

nerungs- und Traueralbum, und alles, was Ihnen wichtig ist, sollte darin seinen Platz bekommen.

Wenn es Ihnen hilft, können Sie auch Briefe an den Verstorbenen hineinschreiben. Seien Sie sich sicher, dass er sie lesen wird, denn dieses Buch ist Ihr und gleichzeitig sein Geheimnis. Es ist Ihr gemeinsames Vermächtnis. Es ist Ihre Verbindung zueinander in ewiger Liebe.

Ort der Erinnerung

Ich sehe dich in jedem Winkel.
Ich spüre dich in jedem Wind.
Ich höre dich in jedem Geräusch.
Ich rieche dich in jedem Duft.
Ich fühle dich in jedem Wassertropfen.

Der Tote ist für immer verschwunden, zumindest rein körperlich. Doch die Hinterbliebenen wünschen sich, dass er immer noch bei ihnen wäre, dass er immer noch Teil ihres Lebens wäre. Sie wollen denjenigen immer noch bei sich haben. Sie wollen ihm nahe sein, obwohl er doch so fern zu sein scheint.

Das Schlimmste für einen trauernden Angehörigen ist, wenn der Verstorbene vergessen wird.

Denn dies wäre genau so, als ob er niemals gelebt hätte.

Beim Trauern hilft uns ein Bezugspunkt, ein Ort, der uns mit demjenigen verbindet, den wir verloren haben. Das Grab ist sicherlich so ein Ort, der nur dem Toten gehört. Schließlich liegt hier der verstorbene Körper oder die Asche des Toten. Doch nicht jeder Tote liegt in einem Grab, welches wir besuchen können. Auch kann es sein, dass das Grab nicht in der Nähe unseres Wohnortes liegt und wir ihn dort nicht jederzeit besuchen können. Manchmal wird auch der genaue Todesort mit einem Kreuz, Blumen und Kerzen geschmückt. Doch nicht immer sind diese Orte gegeben, beziehungsweise ausreichend und sinnvoll zur Trauerbewältigung.

Eine Grabstätte ist ein mit Negativität belasteter Erinnerungsort.

Doch der Tote sollte nicht nur mit Tod, Trauer und dem schrecklichen Verlust, den seine Mitmenschen erleiden mussten, in Erinnerung gebracht werden. Denn auch wenn sein Tod für uns etwas sehr Negatives ist, so ist die Person, die dahintersteht, es nicht. Wir haben diese Person geliebt. Wir vermissen sie, weil sie uns so wichtig war.

Wir sollten Verstorbene nicht auf ihren Tod reduzieren.

Denn wir haben mit dieser Person auch viele schöne Erlebnisse gehabt. Wir hatten schöne und glückliche Zeiten miteinander. Diese dürfen wir nicht von dem kurzen Augenblick des Todes aus unserer Erinnerung verdrängen lassen.

**Die schöne Zeit,
die wir mit einem Menschen verbracht haben,
wiegt viel mehr als der eine Augenblick des Todes.**

Die gemeinsamen Tage, Monate, und Jahre sind unser Schatz. Sie sind das, was wir für immer in unseren Herzen behalten sollen, statt des Verlustes, den man kaum verdrängen kann.

Daher empfehle ich, nicht nur das Grab oder den Todesort in Erinnerung an den Toten aufzusuchen, sondern sich einen persönlichen Erinnerungsbereich zu erschaffen. Dies kann eine Ecke in einem Zimmer sein, die für den Toten reserviert ist. Wir können dort Bilder aufstellen und persönliche Gegenstände des Toten hinlegen, Briefe oder Karten des Verstorbenen und eine Kerze. Wir können den Ort auch gemeinsam mit anderen Familienmitgliedern schmücken. So hat der Verstorbene immer seinen Platz und seinen Raum im Leben seiner Mitmenschen.

Wenn der Platz sehr begrenzt ist, oder wenn wir nicht möchten, dass jeder von dem Erinnerungsort erfährt, können wir auch eine kleine Truhe oder eine schöne Kiste mit Erinnerungsstücken zusammenstellen. Immer, wenn wir das Bedürfnis danach haben, können wir die Kiste öffnen und den Verstorbenen durch die Erinnerungsstücke berühren und in Gedanken betrachten.

Ein fester Ort oder Bereich der Erinnerung gibt dem Verstorbenen den nötigen Raum und Platz in unserem Leben.

Ist dieser Erinnerungsort bei uns zu Hause, können wir ihn jederzeit besuchen, wenn wir das Bedürfnis haben. Außerdem ist es ein Ort, an dem wir für uns sind, wenn wir in Erinnerungen schwelgen und nicht ständig fremde Menschen kommen und gehen. So stört uns niemand, wenn wir in Gedanken an einem anderen Ort und in einer anderen Zeit sind.

Erinnern können wir uns natürlich überall und jederzeit an den geliebten Verstorbenen. Wir werden auch ständig durch Gegebenheiten des Lebens an denjenigen erinnert. Beispielsweise wenn wir ein Lied hören, dass der Verstorbene mochte, oder wenn jemand ein Thema anspricht, dass uns damals mit dem Verstorbenen verbunden hat. Jedes Mal schweifen unsere Gedanken zu ihm, und die Tür zum Jenseits öffnet sich für uns.

Unsere Gedanken und Erinnerungen öffnen das Tor zum Jenseits einen kleinen Spalt, sodass wir uns energetisch mit dem Verstorbenen austauschen können.

Dieser Austausch gibt uns die Kraft, weiterleben zu können, trotz des Verlustes, den wir spüren. Dieser Austausch überbringt uns die Liebe und die Energie des Verstorbenen, wann immer wir uns an ihn erinnern. In unserer Trauer in der Zeit nach dem Verlust, ist es wichtig, sich mehr an die gemeinsamen Zeiten zu erinnern als nur daran, was wir für immer verloren haben, denn die Trauer blockiert uns, aber die Freude, die durch die positive Erinnerung in uns erweckt wird, baut uns ein wenig auf. Sie ist auch das Einzige, was wirklich zählt, denn sie kann uns durch niemanden genommen werden. Die schönen Erinnerungen sind unser persönlicher Schatz. Diesen Schatz teilen wir mit dem geliebten Verstorbenen. Das ist unsere ganz persönliche Verbundenheit, die in unseren Erinnerungen zum Ausdruck kommt. Das ist das Einzige im Leben, was wirklich zählt.

Im Leben sind die schönen Momente die Zeiten, die in uns dauerhaft in Erinnerung bleiben, die Zeiten, von denen wir ein Leben lang zehren können.

Der Augenblick des Todes eines Menschen gehört nicht dazu. Auch wenn er sich in unser Gedächtnis brennt, so verliert sich mit der Zeit die Erinnerung an die Trauer, an den tiefen Schmerz in den ersten Tagen und Wochen nach dem Tod. Denselben Effekt gibt es nach der Entbindung eines Kindes – auch hier verliert sich mit der Zeit die Erinnerung an die Schmerzen bei der Entbindung. Das ist auch gut so, denn nur die positiven Erfahrungen bringen uns auf Dauer weiter.

Negative Erfahrungen dienen lediglich unserem seelischen Wandel. Positive Erfahrungen dienen unserer seelischen Ausdehnung, unserem inneren Strahlen.

Übung:

Wenn Sie über den Tod eines Menschen noch nicht hinweggekommen sind oder die Trauer noch sehr frisch ist, dann richten Sie sich einen Ort der Erinnerung an diesen Menschen ein. Gestalten Sie diesen Ort ganz nach Ihren persönlichen Wünschen und Ihren Gefühlen entsprechend.

Suchen Sie diesen Ort einmal am Tag auf, wenn Sie möchten, anfangs auch etwas öfter. Nehmen Sie sich dann Zeit, und erinnern Sie sich an den geliebten Menschen zu seinen Lebzeiten. Rufen Sie sich die schönen Zeiten mit ihm in Erinnerung. Durchleben Sie die positiven Erfahrungen in Gedanken noch einmal. Senden Sie dem Verstorbenen Ihre Liebe. Schenken Sie ihm Ihre ganze Aufmerksamkeit. Diese Zeit gehört nur Ihnen beiden. Wenn Sie, nachdem Sie in schönen Erinnerungen geschwelgt haben, innerlich zur Ruhe gekommen sind, dann legen Sie die Erinnerungsstücke zurück an ihren Platz, oder betrachte Sie sie ein letztes Mal. Verabschieden Sie sich für dieses Mal von dem Verstorbenen, so wie Sie sich von einem Besucher verabschieden würden. Bringen Sie den Verstorbenen in Gedanken zur Tür, und lassen Sie ihn für heute gehen. Dann lassen Sie ihn los und widmen sich wieder anderen Dingen, bis Sie am nächsten Tag wieder Zeit für seinen Erinnerungsbesuch haben.

Diese Übung dient dazu, der Trauer und den Erinnerungen Zeit und Raum zu geben, aber auch dazu, zu lernen, die Trauer wieder loszulassen.

Weiterleben – mit und ohne den Verstorbenen

*Mein Schmerz um dich wird nie vergehen.
Doch ich lerne, damit zu leben.*

Was die Trauerarbeit sehr erschwert, ist die Angst der Trauernden, den Toten zu verletzen. Viele Menschen haben Angst, den Toten in Gedanken loszulassen, denn sie meinen, ihn dadurch zu vergessen und auch weniger zu lieben. Doch Liebe braucht keinen vorgegebenen Raum. Sie ist immer da. Nur weil wir weiterleben und glückliche Momente erleben, brauchen wir uns nicht schuldig zu fühlen.

Der Tote wird immer Teil Ihres Lebens bleiben, auch wenn Sie nicht mehr jede Sekunde an ihn denken.

Der Verstorbene möchte auch nicht, dass wir unser Leben beenden, nur weil er gegangen ist. Der Tote musste uns zurücklassen, denn sein Tag war gekommen und unserer noch nicht. Nur weil er gestorben ist, ist nicht das Leben seiner Mitmenschen zu Ende. Als Hinterbliebene sind wir nicht auf der Erde, um unser Leben ausschließlich diesem einen Menschen zu widmen. Dies war nicht unser Plan. Unser Plan war, den Tod dieses Menschen zu erleben, sonst wäre er nicht geschehen. Sonst wäre der geliebte Mensch immer noch hier.

Kein Mensch begleitet uns ein Leben lang.

Normalerweise haben wir schon gelebt, bevor dieser Mensch in unser Leben kam. Dann haben wir geatmet, wir haben gelächelt, und wir haben existiert, ohne dass wir ihn kannten, ohne dass er in unserem Leben war. Wir haben dies damals geschafft. Warum sollte das heute anders sein? Nur weil wir meinen, ihn so sehr zu lieben, dass wir ohne ihn nicht mehr glücklich werden können?

Liebe muss loslassen können, denn sonst ist sie eine Fessel und keine wahre Liebe.

Wahre, göttliche, seelische Liebe gibt immer nur. Sie nimmt nicht. Wir dürfen daher nicht erwarten, dass der andere immer bei uns ist. Wir müssen ihm Freiraum geben. Dies ist so, wenn das Objekt unserer Liebe lebt, aber dies ist auch so, wenn das Objekt unserer Liebe nicht mehr in unserer Welt weilt. Wahre, göttliche Liebe lässt gehen. Sie klammert nicht, denn dies ist nur menschlich. Wahre Liebe verleiht Flügel. Wahre Liebe verleiht Größe. Sie verleiht innere Ruhe und tiefen Frieden.

Wir lieben die Menschen, die wir verloren haben. Wir lieben sie bis in alle Ewigkeit.

Wir geben ihnen alles, aber wir verlangen nichts. Wir geben ihnen die Freiheit. Wir geben ihnen den Frieden des Seelendaseins. Wir halten sie nicht fest. Wir sind traurig darüber, dass wir sie nicht mehr mit unseren Augen sehen können. Wir sind irritiert, dass wir ihre Stimme nicht mehr hören können. Wir vermissen schmerzlich ihr Antlitz, ihre Persönlichkeit, ihr Lächeln, ihr Dasein. Aber tief in unserem Herzen wissen wir, dass sie immer bei uns sind. Vielleicht kann sie unser Körper nicht mehr umarmen, aber unsere Seele spürt sie jeden Augenblick.

Sie sind hier. Sie sind vor uns, sie sind hinter uns, sie sind neben uns, sie sind über oder unter uns. Sie sind immer bei uns und wir bei ihnen. Wir können sie niemals verlieren, denn wir haben sie auch niemals besessen. Sie sind uns vertraut. Sie sind mit uns bis ans Ende der Welt verbunden.

**Die Verstorbenen sind ein Teil unseres Selbst.
Sie sind Teil unserer Seele,
denn sie gehören zu uns wie unser Herz.**

Wir können uns jederzeit mit ihnen verbinden. Dafür brauchen wir keinen Körper. Dafür brauchen wir keine Arme, kein schlagendes Herz. Wir sind verbunden durch unsere Liebe, durch unsere Energie, durch unseren Seelenkern. Die körperliche Trennung existiert nur im menschlichen Leben, nie im Seelendasein. Wir sind nicht nur Menschen. Wir sind viel mehr als das. Wir sind Liebe, Energie und ewige Seele. Wir sind alle immer miteinander verbunden, ob wir leben oder sterben. Wir sind Teil dieses Lebens. Wir sind Teil des Kreislaufs von Geburt, Leben, Sterben, Tod und Wiedergeburt.

Nehmen Sie den Toten mit durch Ihr Leben. Lassen Sie ihn an Ihrem Leben teilhaben, indem Sie immer wieder an ihn denken. Er muss an Ihren Geburtstagen nicht körperlich anwesend sein. Sie müssen ihm an Weihnachten keinen Gegenstand als Geschenk überreichen. Sie müssen ihn weder sehen noch hören noch körperlich spüren. Er ist da, wann immer Sie ihn brauchen. Er ist da, wann immer Sie an ihn denken. Er ist da, wann immer Sie es wünschen. Laden Sie ihn dazu ein, Teil Ihres Lebens zu sein, wenn Ihnen danach ist. Er wird Sie zu besonderen Anlässen begleiten. Er wird Sie jedes Mal seelisch besuchen, wenn Sie ihn erwarten. Er wird seelisch anwesend sein, wann immer Sie es wollen und brauchen.

Nur weil jemand körperlich verstorben ist, hat er uns nicht verlassen.

Er ist immer noch da, auch wenn wir ihn mit unseren beschränkten körperlichen Mitteln nicht wirklich erfassen können. Doch mithilfe unserer Seele wissen wir, wann er bei uns ist. Wir dürfen nur nicht an diesem seelischen Gefühl zweifeln. Wir müssen lediglich auf unsere Intuition vertrauen.

Holen Sie den Toten in Ihr Leben, wenn Sie es wollen und brauchen. Doch lassen Sie ihn anschließend wieder seiner seelischen Wege gehen.

Er muss nicht die ganze Zeit bei Ihnen sein. Dies war er auch vor seinem Tod nicht. Er kommt, wann immer Sie es wollen, aber er geht dann auch wieder, so wie jeder menschliche Besucher.

Lassen Sie ihn dann seinen Seelenweg weitergehen. Akzeptieren Sie seine Entscheidung, im Jenseits zu sein und nicht immer bei Ihnen. Akzeptieren Sie seinen Tod, und geben Sie ihm die seelische Freiheit, seinen Seelenweg weiterzugehen. Auch Sie werden eines Tages diese Welt verlassen und einige Seelen zurücklassen müssen, die Ihnen viel bedeuten.

Wenn wir geboren werden, sind wir allein. Wir mögen vielleicht als Zwilling mit einem anderen Baby gemeinsam im Bauch unserer Mutter gewesen sein und kurz nacheinander das Licht dieser Welt erblicken. Aber wir können nicht gleichzeitig mit einem anderen Menschen auf die Welt kommen. Haben wir keinen Zwilling oder Mehrling, waren wir allein im Mutterleib. Wir hatten nur unsere Seele und unseren Körper. Nicht mehr und nicht weniger.

Genau so verlassen wir diese Welt auch wieder. Wir können nichts und niemanden mitnehmen, wenn wir sterben. Vielleicht stirbt ein anderer Mensch zur gleichen Zeit und am gleichen Ort wie wir, beispielsweise bei demselben Unfall, aber dennoch gehen wir diesen Weg allein.

Wir kommen allein in diese Welt, und wir gehen auch allein aus dieser Welt.

Sie können sich an noch so viele Dinge oder Menschen klammern. Den Weg der Geburt und den Weg des Todes gehen wir allein. Dieser Weg gehört uns persönlich. Er ist Teil unserer Lebensgeschichte. Er ist Teil unseres Selbst.

So, wie das bei uns ist, so ist es auch bei anderen Menschen, bei anderen Seelen. Auch sie kommen allein auf diese Welt, und auch sie verlassen sie allein. Nehmen Sie ihnen dieses Seelenrecht nicht, indem Sie sich an sie klammern. Lassen Sie den Verstorbenen los. Lassen Sie ihn seines Weges gehen.

Es ist nicht Ihr Weg, aber deshalb ist es kein schlechterer Weg. Er gehört einfach nur zu einer anderen Person. Er gehört einfach nur zu einer anderen Seele.

Kinder, die sterben, sind seelisch erwachsen.

Verstorbene Kinder müssen nicht mehr beschützt werden. Sie wissen, wohin ihr Weg sie führt. Sie haben keine Angst im Tod. Sie sind auch nicht einsam im Tod, denn der Tod ist nichts Schlechtes. Der Tod ist Teil des Lebens und eine unumgängliche Notwendigkeit. Der Tod eines Kindes macht uns Lebende besonders betroffen. Er berührt uns wie nichts auf dieser Welt. Aber der Tod bringt Weisheit, er bringt Reife, er bringt Göttlichkeit. Nur weil der Mensch im Leben noch nicht erwachsen war, bedeutet dies nicht, dass die Seele mit dem Tod überfordert ist. Dies bedeutet nicht, dass die Seele den Tod nicht als Teil seiner Entwicklung gebraucht hat, oder gar, dass der Tod geschehen ist, ohne dass die Seele des Kindes dies wollte.

Der Tod eines jeden Menschen ist Teil des Seelenplans und geschieht nicht einfach nur so.

Ich kann dich spüren, ich kann dich fühlen, auch über den Tod hinaus. Ich spüre dich tief in meinem Herzen. Ich spüre dich bis in meine Seele. Du bist ein Teil von mir, und ich bin ein Teil von dir. Dies kann auch der Tod nicht umgehen. Ich kann dich nicht verlieren, denn ich bin bei dir, und du bist bei mir, solange ich atme, solange ich lebe, solange ich Teil des ewigen Lebens bin. Ich liebe dich, und du liebst mich. Das weißt du, das fühlst du. Das ist Teil unseres gemeinsamen Seelenplans.

Der Tod kann uns nicht trennen. Der Tod kann uns nichts antun. Denn unsere Liebe ist stärker als alles auf dieser Welt. Ich werde dich lieben, bis wir wieder eins sind. Ich werde dich lieben, bis die Sonne und der Mond sich für immer verbinden. Ich werde dich lieben, bis Licht und Dunkelheit Teil eines Ganzen sind. Ich werde dich lieben, bis wir uns wiedersehen. Ich werde dich lieben bis ans Ende aller Zeit.

Du bist hier, wo ich bin. Du bist dort, wo ich hingehe. Du bist überall, denn du bist Teil des ewigen Lebens.

Übung:
Laden Sie denjenigen, den Sie so vermissen, in Gedanken ein, Teil Ihres Lebens zu sein. Stellen Sie sich vor, was er sagen würde, was er tun würde, wenn er zur Tür hereinkäme. Lassen Sie ihn als stillen Teilhaber da sein, wann immer es Ihnen wichtig ist. Lassen Sie ihn bei sich sein wie einen Beobachter, der sich nicht am Gespräch der Lebenden beteiligt, aber zusieht, der einfach nur da ist, nur da, für Sie.

Wenn er eine Weile da war, dann lassen Sie ihn in Gedanken wieder gehen. Verabschieden Sie ihn. Überlegen Sie sich, was er jetzt tun könnte, nachdem er gegangen ist. Stellen Sie sich vor, was er Ihnen zum Abschied sagen würde. Bringen Sie ihn gedanklich zur Tür. Winken Sie ihm hinterher, und dann schließen Sie diese Gedankentür für den Rest des Tages. Er war da und hat Sie besucht, und nun darf er wieder seiner eigenen Wege gehen, so lange, bis er wiederkommt, weil Sie ihn an einem anderen wichtigen Tag wieder einladen. Akzeptieren Sie, dass er nun irgendwo hingeht, wo Sie nicht mitkönnen. Lassen Sie ihn kommen, und lassen Sie ihn dann wieder gehen. So bleiben Sie in Verbindung, ohne dass Sie klammern, und ohne Zwang.

Sie können diese Übung auch praktizieren, wenn andere Menschen bei Ihnen sind. Sie müssen es ja nicht wissen. Sie können den Verstorbenen einladen an Weihnachten, an Ihren Geburtstagen oder einfach so. Doch vergessen Sie nicht, ihn jedes Mal, nachdem er eine Weile bei Ihnen war, gedanklich auch wieder zu verabschieden.

Schuldgefühle

> *Was hätte ich tun können,*
> *damit du bei mir geblieben wärst?*

Schuldgefühle sind ein wichtiges Thema bei der Trauerarbeit, denn sie beschäftigen die Hinterbliebenen in sehr vielen Fällen.

Ich spreche hier nicht von Menschen, die sich schuldig fühlen, weil sie absichtlich jemandem Schaden zugefügt haben. Ich spreche auch nicht von Menschen, die wissen, dass sie für den Tod eines Menschen verantwortlich sind, weil sie betrunken am Steuer saßen und einen anderen Menschen getötet haben.

Nein, ich spreche von den falschen Schuldgefühlen, die fast jeden Angehörigen nach dem Tod eines geliebten Wesens beschäftigen. Diese Schuldgefühle nagen in ihnen, sie arbeiten tief im Inneren und zerfressen die Angehörigen in ihrer Trauer.

Es sind oft Kleinigkeiten, die über Leben und Tod entscheiden.

»Wäre er noch einmal zum Arzt gegangen, hätte man vielleicht erkannt, dass er so krank war.«, »Wäre er erst fünf Minuten später losgefahren, wäre der Unfall nicht geschehen.«, »Wäre ich bei ihm gewesen, hätte ich es vielleicht verhindern können.«, »Hätte ich mehr Zeit gehabt, wären wir in dem Augenblick zusammen gewesen.«, »Hätte ich es ihm verboten, wäre er nicht dorthin gegangen.«

Es gibt unendlich viele derartige falsche Schuldgefühle nach Todesfällen.

»Hätte ich dies, hätte ich das, …, wäre alles anders gelaufen.« Doch wäre es das wirklich? Hätte ein Mensch wirklich den Tod eines anderen verhindern können?

Ich glaube nicht, dass wir Menschen die Macht besitzen, innerhalb einer Sekunde die Welt zu verändern. Wir können Dinge, die geschehen sollen und müssen, nicht verhindern. Wir können nicht alles ungeschehen machen, nicht alles und jeden beschützen. Wir können einen Zug, der einmal aus dem Bahnhof gefahren ist, nicht einfach stoppen, denn wenn er erst einmal rollt, dann rollt er!

Was wir Menschen aber sicher tun können, ist, die Abfahrt des Zuges im Vorhinein zu verhindern, indem wir Lektionen und Entwicklungsschritte, die der Todesfall mit sich bringt, vorher lernen. Das bedeutet, wenn wir in unserem Leben unsere Lektionen leichter lernen, dann geschehen weniger Leid und Schmerz.

Dennoch werden Menschen in unserem Umfeld sterben. Dennoch wird es Todesfälle geben, denn dies ist der Lauf eines jeden Lebens.

Der Tod ist fester Bestandteil des Lebens. Das müssen wir Menschen akzeptieren. Niemand kann ewig leben, und niemand kann alles und jeden festhalten. Die Dinge und Menschen kommen, und sie gehen auch wieder, wie die Sonne, die jeden Morgen aufund jeden Abend wieder untergeht. Das Leben ist so, wie es ist, und es ist gut so.

Wenn eine Seele sich entschieden hat, diese Welt zu verlassen, dann kann ein anderer Mensch sie niemals aufhalten.

Menschen, die gehen wollen, die gehen müssen, werden dies auch tun. Sie lieben uns deswegen trotzdem. Sie sterben nicht, um uns zu verletzen. Sie gehen nicht, um uns zu verlassen. Sie strafen uns nicht durch ihren Tod.

Was wissen wir Menschen schon über das Leben an sich? Was wissen wir schon über den Tod und den ewigen Kreislauf des Lebens? Warum meinen wir Menschen, dass das Leben hier auf Erden das beste ist? Vielleicht ist es im Jenseits viel besser. Vielleicht schaden wir Menschen, indem wir verzweifelt versuchen, sie am Leben zu halten.

Wir wissen nicht genau, wohin die Toten gehen. Doch ich bin überzeugt, dass es kein schlechter Ort ist. Ich bin mir sicher, dass das Leben nach dem Tod ein leichteres Dasein ist als das unsere hier im Diesseits, denn das Leben hier auf Erden ist bereits schwierig genug. Es würde daher überhaupt keinen Sinn ergeben, wenn das Jenseits genauso eine nicht enden wollende Prüfung wäre.

Im Jenseits ist es nicht wie hier. Dort gibt es keinen Stress, keine Belastungen. Dort gibt es keine Angst, keinen Schmerz, kein solches Leid. Wie auch? Unseren Körper lassen wir hier auf Erden. Dieses äußerst empfindliche Konstrukt, das uns im Leben immer wieder Probleme bereitet, ohne das wir aber hier nicht existieren könnten, haben wir im Jenseits nicht mehr.

Das Jenseits ist ein Ort des Friedens, der Ruhe und der Liebe.

Jeder, der bereits einmal eine verstorbene Seele um sich gespürt hat, weiß, dass diese Seelen entspannt, ruhig und voller Liebe sind. Die Seelen sind nicht nervös, im Zeitdruck und leidend. Ganz im Gegenteil: Sie versuchen immer wieder, uns lebenden Menschen begreiflich zu machen, alles ruhiger anzugehen.

Sie brauchen keine Schuld zu empfinden, denn Seelen kennen keine Schuld. Sie schulden dem Toten nichts, denn er hat sich entschieden, zu gehen. Sie hätten daran nichts ändern können. Sie hätten es nicht verhindern können. Es sollte einfach so sein.

Vielleicht fragen Sie sich, ob Sie dem Verstorbenen zu seinen Lebzeiten genügend Liebe gegeben haben, genügend Zeit mit ihm verbracht haben, ob Sie alles richtig gemacht haben. »Warum ist er sonst wohl gestorben?«, fragen Sie sich.

Vielleicht hätten Sie dem Verstorbenen wirklich öfter sagen können, wie sehr sie ihn lieben, damals, als er noch lebte. Doch der Verstorbene weiß, wie sehr Sie ihn liebten und immer noch lieben. Er spürt und fühlt es. Er kennt jeden Ihrer Gedanken über sich. Sie müssen es ihm nicht sagen, denn er weiß um Ihre Liebe.

Vielleicht hätten Sie wirklich etwas mehr Zeit mit ihm verbringen können, Zeit, die niemals wieder zurückkommt. Aber das hätten Sie lediglich für sich selbst tun müssen, nicht für ihn, denn Ihnen fehlt nun die gemeinsame Zeit. Dem Verstorbenen fehlt sie nicht. Für ihn ist Zeit kein Thema mehr, und sie ist immer relativ. Damals dachten Sie nicht daran, dass Ihnen irgendwann die gemeinsame Zeit fehlen könnte.

Vielleicht hätten Sie um Ihrer selbst willen in der gemeinsamen Vergangenheit einiges anders machen können. Doch dies ist nicht wichtig, denn diese Zeit ist aus und vorbei. Sie leben jetzt, und Sie können die Vergangenheit nicht verändern. Daher bringt es auch nichts, sich darüber Gedanken zu machen.

Übung:

Nehmen Sie sich einen Block oder ein Heft zur Hand. Lesen Sie im Text erst weiter, wenn Sie die Übung durchgeführt haben.

Nun notieren Sie alles, was Sie gerne im Nachhinein ändern würden. Schreiben Sie alles auf, was Sie Ihrer Meinung nach hätten besser machen sollen, alles, was Ihrer Meinung nach im Umgang mit dem Verstorbenen falsch war.

Nun schreiben Sie auf, was Sie im Zusammenhang mit dem Verstorbenen alles richtig gemacht haben.

Wenn Sie fertig sind, dann lesen Sie den ersten Teil noch einmal in Ruhe durch, und überlegen Sie, was jetzt anders wäre. Was hätte es an der jetzigen Situation geändert, wenn Sie in der Vergangenheit anders agiert hätten?

Am Tod Ihres Angehörigen hätte es nichts geändert. Aber Ihnen würde es besser gehen, weil Sie mehr Seelenfrieden hätten. Sie sehen also, dass Sie nicht am Tod des geliebten Menschen schuld sind. Außerdem wette ich mit Ihnen, dass die Liste mit all den Dingen, die Sie richtig gemacht haben, wesentlich länger ist, als die, die das beinhaltet, was Sie Ihrer Ansicht nach falsch gemacht haben. Wie-

gen Ihre wenigen vermeintlichen Fehler mehr, als die vielen guten Dinge, die Sie getan haben? Nein, das tun sie bestimmt nicht.

Sie sind nicht schuld am Tod Ihres Angehörigen. Sie sind lediglich mit ihm in Liebe verbunden.

Doch dies ist kein Fehler. Dies hat nichts mit Schuld zu tun.

Wahre Liebe hat niemals Schuld.

Sie gibt nur. Sie ist rein und klar. Sie haben den Verstorbenen so sehr geliebt. Nun ist er in eine andere Welt vorausgegangen. Sie schulden ihm nichts, er schuldet Ihnen nichts. Der Himmel schuldet niemals.

Die Seele ist frei von Schuld. Sie macht lediglich ihre Erfahrungen.

Stecken Sie die Energie, die Sie bisher in Ihre vermeintliche Schuld investiert haben, in etwas Besseres, in etwas Wichtigeres, in etwas Wertvolleres. Durch Ihre Schuldgefühle kommt der Verstorbene nicht zurück, und Sie selbst schneiden sich von Ihrem eigenen Leben ab.

Ihre Aufgabe ist es, mit der Erinnerung an den Verstorbenen im Herzen weiterzuleben. Schenken Sie ihm diesen Respekt, dieses Zeichen, damit er hier auf Erden nicht vergessen wird.

Jeder Mensch hinterlässt seine Spuren, die einen tiefere, die anderen sanftere.

Geben Sie dem Leben und dem Ableben des Verstorbenen einen Sinn. Machen Sie es nicht durch falsche Schuld kaputt, denn dies hat der Verstorbene nicht verdient. Schenken Sie ihm Ihre Liebe, Ihren Segen und Ihre Bereitschaft, seinen Tod als Teil Ihres Lebens zu akzeptieren.

Wenn Sie das Gefühl der Schuld nicht loswerden, weil Sie sich wahrhaftig schuldig fühlen und denken, etwas wirklich falsch gemacht zu haben, dann kanalisieren Sie Ihre Schuld in etwas Positives. Schuld zu sein, bedeutet, noch Schulden zu haben. Vielleicht können Sie diese Schulden nicht mehr bei der Person begleichen, die verstorben ist, aber das ist auch überhaupt nicht nötig. Sie müssen seelische Schulden nicht unbedingt am Entstehungsort begleichen. Es gibt unendlich viele »Adressen«, um Ihre Schuld loszuwerden. Wenn Sie sich schuldig fühlen, ist für Sie wichtig, dass Sie diese Schuld wieder abgeben können. Sie müssen sich nun davon befreien. Der Tote ist nicht mehr damit belastet. Das war er vielleicht auch nie. Wenn ein Mensch nicht mehr da ist, um die Schuld zu sühnen, dann suchen Sie sich einen anderen Menschen, der es genauso gebrauchen kann. Positives kommt überall an, auch wenn sie es an eine andere Adresse schicken. Denn das Gute verteilt sich überall dorthin, wo es hingehört. Suchen Sie sich einen Menschen, eine Familie oder eine Institution, für die Sie etwas Gutes bewirken können. Erleichtern Sie Ihr Gewissen, befreien Sie sich von Ihrer Schuld. Tun Sie etwas, damit Sie sich selbst vergeben können. Befreien Sie sich von dem schlechten Karma, wenn Sie wissen, dass es da ist. Schaffen Sie etwas Positives aus dem Negativen. Wandeln Sie sich, dann wandelt sich alles. Jeder Einzelne, der seine Schulden begleicht, verändert alles und bewirkt sehr viel. Stellen Sie sich vor, jeder würde so agieren. Dann wäre unsere Welt irgendwann frei, voller Liebe und Dankbarkeit. Dann wäre unsere Welt voller Frieden und guter Energie. Sie können das bewirken, nur Sie allein, denn Sie sind ein Teil dieser Welt, und nur Sie können Ihre Welt für immer verändern.

Machen Sie den ersten Schritt. Was vorbei ist, lässt sich nicht mehr rückgängig machen. Aber Sie können in die Welt gehen und so viel neues Gutes bewirken, so viele positive Wunder vollbringen, um unsere Welt zum Strahlen zu bringen. Das können Sie tun, aber nur Sie, nur Sie ganz allein.

Übung:

Schreiben Sie alle vermeintlichen Schulden auf, die Sie in Ihrem bisherigen Leben gesammelt haben. Notiere Sie ehrlich alle Gelegenheiten, bei denen Sie sich nicht korrekt verhalten haben, wo Sie anders hätten handeln müssen. Überlegen Sie, welche Menschen Sie durch Ihr Verhalten verletzt haben, welchen Menschen Sie geschadet haben. Dann schreiben Sie auf, warum Sie diese Schuld auf sich genommen haben. Was hat Sie dazu getrieben, diese Schulden zu machen? Welche Gefühle haben dabei eine Rolle gespielt? Was waren die Ursachen? Waren Sie ebenfalls verletzt? Wollten Sie sich rächen? Waren die Menschen, die Sie durch Ihr Handeln verletzt haben, diejenigen, denen Ihr Handeln galt, oder galt es in Wirklichkeit einem ganz anderen? Überlegen Sie genau, warum Sie diese falschen Din-

ge getan haben, warum Sie so handeln wollten oder auch innerlich mussten. Suchen Sie den Ursprung Ihres Übels. Suchen Sie die Ursache Ihres eigentlichen Grolls. Suchen Sie den Grund dafür, warum Sie der Mensch sind, der diese Fehler in der Vergangenheit gemacht hat. Und nun erkennen Sie, wer Sie eigentlich sind, ob Sie durch Ihr Fehlverhalten irgendeinen Vorteil hatten, ob Sie in irgendeiner Weise daran gewachsen sind, ob Sie das wirklich im Leben brauchen oder ob Sie nicht, wie alle anderen Menschen, nichts als Liebe ersehnen. Nun senden Sie allen Menschen, die Sie verletzt haben, Liebe. Stellen Sie sich jeden dieser Menschen vor, und senden Sie ihm Glück, Frieden und all die Liebe, die Sie in sich tragen.

Liebe, unendliche, alles umfassende und bedingungslose Liebe – geben Sie sie allen Menschen, und geben Sie sie auch sich selbst.

Ihre Liebe wird Sie für immer befreien. Sie wird Sie für immer verwandeln und für immer ins strahlende Licht der Menschheit rücken.

Seelische Verbindung

Ich glaube eigentlich nicht
an ein Leben nach dem Tod.
Doch warum spreche ich dann mit dir?

Es gibt immer noch viele Menschen, die nicht an ein Leben nach dem Tod glauben, die meinen, dass durch den Tod alles ausgelöscht wird. Diese Einstellung passt sehr gut ins Leben, wenn alles gut und schön ist. Doch in dem Moment, in dem ein Angehöriger stirbt, fängt man an, sich aufs Neue mit dieser Frage auseinanderzusetzen.

Wenn man nicht an ein Leben nach dem Tod glaubt, dann scheint der Tod eines geliebten Menschen eine Strafe zu sein.

Denn durch den Tod wird alles Leben ausgelöscht. Der Körper wird zu Asche verbrannt, oder er wird zu Staub, und nichts bleibt von dem Menschen, nichts von seiner Persönlichkeit, nichts von seiner Art, nichts von dem, was er einmal war. Dann ist durch den Tod alles aus und vorbei. Diese Vorstellung ist unendlich hart, wenn man selbst weiterleben muss. Solange man den Tod in weiter Ferne weiß und sich mit der Frage nach dem eigenen Weiterleben beschäftigt, ist diese Ansicht kein Problem. Denn sie bedeutet auch, dass, wenn wir eines Tages sterben, alle Probleme getilgt sind. Nichts von unseren Fehlern, nichts von unseren Unzulänglichkeiten und nichts von dem, was wir im Leben falsch gemacht haben, wird weiterexistieren. Wir sterben, und alles ist aus und vorbei. Diese Vorstellung erscheint sehr tröstlich, wenn man über den Tod an sich nachdenkt. Doch wenn wir jemanden verloren haben, bekommt diese Lebenseinstellung eine völlig andere Bedeutung. Durch den Verlust eines geliebten Menschen ist das Ende durch den Tod etwas Grauenhaftes, Schreckliches, etwas, was endloses Leid bereitet.

Viele Menschen, die nicht an ein Weiterexistieren nach dem Tod glauben, ändern nach einem Todesfall im Familienkreis ihre Meinung.

Dieser Ansichtswechsel vollzieht sich nicht sofort. Er ist eher ein schleichender Prozess. Früher war es einfach, alles zu ignorieren, was zu einer Fortsetzung der Existenz – in welcher Form auch immer – gesagt wurde. Doch nach dem eigenen Verlust wird man sensibel. Man ist offen und verletzlich. Die eigene Seele schreit nach mehr. Sie schreit den Schmerz hinaus. Durch den Tod eines geliebten Menschen öffnet sich eine Tür tief im Inneren, deren Existenz wir nicht einmal erahnten.

Jeder Mensch hat solch eine Tür in sich. Die einen beschäftigen sich nur früher damit als andere. Manche Menschen spüren die Existenz dieser Tür erst durch das zarte Klopfen ihrer Seele nach einem sehr schmerzhaften Verlust. Es ist die Tür zu unserer eigenen Seele. Die Tür zu einem Bereich, den mancher Mensch ein halbes Leben lang ignoriert.

Durch die unendliche Trauer öffnet sich bei vielen Menschen das Tor zu ihrer eigenen Seele.

Dieses Tor geht in dem Moment nur einen kleinen Spalt auf, und es liegt an dem Trauernden selbst, ob er es weiter öffnen will oder es lieber wieder vor lauter Angst ins Schloss wirft.

Der Gedanke an ein Weiterleben nach dem Tod macht vielen Menschen Angst, wie alles Unbekannte im Leben.

Wir Menschen wissen viel zu wenig darüber, was mit uns geschieht, wenn wir sterben. Wir wissen viel zu wenig darüber, was mit unserem Geist und mit unserer Seele im Angesicht des Todes geschieht. Berichte von Nahtoderfahrungen finden viele Menschen befremdlich und verwirrend, denn in diesen Erzählungen wird ein Bereich betreten, der nichts Menschliches an sich hat. Kein Mensch kann diesen Bereich betreten, nur die Seele ist dazu in der Lage. Und jeder Mensch, der sich mit aller Macht an seinen Körper klammert, wird diesen Prozess nicht nachvollziehen können. Er wird sich mit aller Macht gegen diese Vorstellung wehren, denn wenn man an ein Leben nach dem Tod glaubt, dann muss man sein komplettes Weltbild ändern. Dann muss man sich mit seinem eigenen Tun und Wirken hier auf Erden auseinandersetzen. Dann bekommt auf einmal alles im Leben eine völlig andere Bedeutung – auch der Tod.

Wenn wir an ein Leben nach dem Tod glauben, dann müssen wir unsere Einstellung zum Leben komplett ändern.

Wir können dann nicht so weitermachen wie zuvor. Alles ändert sich, wenn wir beginnen, an ein Leben nach dem Tod zu glauben. Jeder Mensch, der anfängt, daran zu glauben, macht einen starken Wandel durch. Das Leben lässt sich dann nicht mehr auf den Körper und die kleinen Probleme reduzieren. Durch unser verändertes Weltbild scheinen die kleinen Probleme nicht mehr existent zu sein, und wir sehen ganz andere Schwierigkeiten auf uns, unsere Mitmenschen und alle Seelen zukommen.

Durch das Annehmen des Glaubens an ein Leben nach dem Tod verschwinden die banalen Probleme des Lebens.

Wenn wir trauern, dann öffnen sich plötzlich neue Bereiche in uns. Wir spüren, dass dort mehr sein kann nach dem Tod. Doch viele Menschen macht dieses Spüren Angst. Sie fangen an, am eigenen Verstand zu zweifeln. Sie glauben, dass sie zu traurig sind, um die Welt noch richtig empfinden zu können. Sie fühlen zwar, dass da noch etwas ist, dass noch etwas existiert von dem Menschen, den sie durch den Tod verloren haben, aber sie wollen dieses Gefühl nicht wahrhaben. Lieber zweifeln sie alles an, was sich vorsichtig durch das Tor ihrer eigenen Seele schiebt.

»Wie kann ich denken, dass derjenige noch da ist, wenn ich doch seinen toten Körper gesehen habe?«, »Wie kann ich meinen, ihn immer noch zu spüren, ihn immer noch tief in mir fühlen?«, »Wie kann ich mit ihm reden, wo er doch tot ist?«, »Wieso höre ich ihn? Wieso spricht er mit mir?«

Diese Fragen fangen an, in uns zu nagen. Eigentlich fühlen wir uns normal, doch was spüren wir da? Was fühlen wir da? Und was hören wir tief in unserem Inneren?

Die seelische Verbindung zwischen zwei Menschen hat nichts mit dem menschlichen Körper zu tun. Daher stirbt sie auch nicht mit dem Tod.

Die seelische Verbindung mit anderen ist eine höhere Macht. Sie ist unglaublich stark, und wenn sich eine lebende Seele darauf einlässt, dann weiß sie, dass es den Tod als solchen nicht gibt, dass der Tod niemals existiert hat und der Seele nichts anhaben kann, dass wir Seelen gegenüber allem, was geschieht, erhaben sind, dass nichts im Leben geschieht, um uns zu schwächen. Nein, alles im Leben geschieht, damit wir seelisch wachsen, damit wir erkennen, was die Seele in uns ist, damit wir lernen, was es bedeutet, eine Seele zu sein, und dass unser kurzes Leben als Mensch im endlosen Kreislauf unseres Seelendasein nicht das Gewicht hat, das wir ihm geben.

Wenn Sie eine tote Seele spüren, dann öffnen Sie Ihre Arme und Ihr Herz, denn Ihre Seele fühlt das andere Wesen.

Ihre Seele weiß, dass es noch mehr gibt im Leben eines Menschen, als geboren zu werden, eines Tages zu sterben und körperlich zugrunde zu gehen. Wir sind nicht nur unser Körper. Wir sind viel mehr als das.

Wir sind alle miteinander verbunden – im Leben und im Tod. Dabei ist es völlig bedeutungslos, auf welcher Seite des Todes wir uns befinden.

Alles, was Sie lieben, ist Teil Ihres Selbst. Es ein Teil Ihres Wesens und Teil Ihrer Seele. Wenn jemand stirbt, den Sie lieben, dann stirbt auch ein gewisser Teil von Ihnen mit demjenigen. Doch ein anderer Teil von Ihnen wird im Jenseits wiedergeboren.

**Wir waren eins, wir sind eins,
und wir werden immer eins miteinander sein.**

Es gibt mittlerweile so viele Untersuchungen von bedeutenden Wissenschaftlern zum Sterbeprozess und dem, was danach geschieht. Es gibt so viele Berichte von Nahtoderfahrungen und Grenzüberschreitungen des Lebens. Diese Menschen sind nicht alle verrückt. Diese Menschen sind Menschen wie Sie und ich. Sie sind nur bereits einen Schritt weitergegangen in ihrem Leben als wir. Sie wissen nach ihrer Erfahrung, dass der Tod nichts ist, wovor man sich fürchten müsste, und dass der Tod nichts Schreckliches oder Endgültiges ist.

**Der Tod beendet nur das eine, das vergangene Leben. Er beendet nicht unsere Liebe.
Er beendet nicht unsere Seele, und er beendet niemals unsere energetische Unendlichkeit.**

Wir Menschen sind Energie. Wir sind Liebe, und wir sind Seele. Wir sind nicht nur unser Körper, wir nicht und die Menschen, die wir bereits verloren haben, ebenfalls nicht.

Zweifeln Sie niemals an dem, was Sie spüren. Zweifeln Sie niemals an dem, was Sie fühlen. Zweifeln Sie niemals an dem, was Sie sind, was Sie waren und immer sein werden: eine Seele, die mit anderen Seelen kommuniziert.

**Jeder Mensch ist eine Seele
verbunden mit einem Körper. Jeder Verstorbene
ist eine Seele verbunden mit uns.**

Übung:

Wenn Sie das Gefühl haben, dass Ihr verstorbener Angehöriger versucht, mit Ihnen Kontakt aufzunehmen, dann sperren Sie sich nicht dagegen. Lassen Sie sich einfach auf das Gespräch oder das Gefühl ein. Erwarten Sie nicht zu viel, aber verweigern Sie auch nichts, denn wenn Sie im Leben jemandem etwas erzählen und der andere Sie ignoriert, dann sind Sie auch sehr traurig. Wenn eine verstorbene Seele mit Ihnen in Kontakt treten will, dann macht es sie traurig, wenn Sie sie absichtlich ignorieren.

Bewerten Sie nichts, sondern lassen Sie einfach die Informationen zu Ihnen durchdringen und fließen. Wenn Sie sich auf den Kontakt einlassen und nicht alles abstreiten, was geschieht, dann können Sie den Tod mit anderen Augen sehen. Dann wissen Sie, dass er Ihnen nur den Körper des anderen genommen hat, aber nicht die Seele, nicht die Person selbst.

Wundern Sie sich auch nicht, wenn Sie nach einem Todesfall andauernd auf Menschen treffen, die an ein Leben nach dem Tod glauben. Wundern Sie sich nicht, wenn Sie immer wieder auf Hinweise auf ein Leben nach dem Tod stoßen, sei es in Zeitungen, in Büchern, im Radio oder durch wildfremde oder auch vertraute Menschen. Denn dies ist eine mögliche Art der Kommunikation einer verstorbenen Seele, die Ihnen mitteilen möchte, dass sie immer noch existiert, dass sie immer noch lebt, dass sie immer noch Seele ist.

Hilfe von außen

Und ich sage dir:
Ich bin doch nicht verrückt!
Ich bin nur unendlich traurig.

In manchen Fällen benötigt der trauernde Hinterbliebene Hilfe von einem Außenstehenden. Dies ist bei besonders schlimmen Todesfällen notwendig, beispielsweise bei Mord, Selbstmord oder schlimmen Unfällen, vor allem dann, wenn der Trauernde den Toten selbst gefunden hat und sich schreckliche Bilder in sein Gedächtnis eingebrannt haben. Aber auch in anderen Fällen wird manch ein Trauernder ohne fremde Hilfe nicht mit der neuen Situation fertig. In diesen Fällen gibt es verschiedene Möglichkeiten der Hilfe.

Austausch mit anderen Betroffenen

Zuallererst stehen hier die anderen Angehörigen des Toten im Vordergrund. Kein Trauernder sollte versuchen, die Trauerphase allein durchzustehen. Der Austausch mit der eigenen Familie, mit dem Partner oder mit sehr guten Freunden ist im Trauerfall enorm wichtig. Allerdings haben die Freunde und Bekannten manchmal Hemmungen, über den Todesfall oder den Toten zu sprechen. Viele Menschen meinen, dass das Ansprechen nur traurige Erinnerungen auslöst und verstehen nicht, dass der Trauernde unter dem Deckmantel des Schweigens oftmals viel mehr leidet, als wenn er seinen Gefühlen verbal Ausdruck verleihen könnte.

Der Tod sollte kein Tabuthema sein, besonders dann nicht, wenn es vor nicht allzu langer Zeit einen Todesfall gab.

Der Trauernde will seinen toten Angehörigen nicht vergessen. Er will ihn nicht verlieren. Am liebsten würde er ihn im Leben festhalten. Dies gelingt natürlich auf physischer Ebene nicht – sehr wohl jedoch auf der geistigen und seelischen Ebene.

Nur weil jemand gestorben ist, darf er nicht aufhören zu existieren, denn erst wenn er vergessen wird, stirbt er wahrhaftig.

Die Erinnerungen halten den Verstorbenen lebendig. Sie sind ein Zeichen, dass er unter uns gelebt hat. Sie sind ein Zeichen, dass er in unserem Leben seine Spuren hinterlassen hat. Für die Angehörigen ist es viel schlimmer, ihn absichtlich aus ihren Erinnerungen zu löschen, weil ihre Mitmenschen Angst haben, mit ihnen über den Verstorbenen zu sprechen.

Tun Sie niemals so, als hätte jemand, der vor Ihnen aus dem Leben geschieden ist, nicht gelebt.

Füllen Sie den Verstorbenen mit Leben, indem Sie ihn in Erinnerungen und Gesprächen auferstehen lassen. Lassen Sie andere Hinterbliebene nicht in ihrem Trauerschmerz allein. Geben Sie ihnen Halt, indem Sie zeigen, dass auch Ihnen der Verstorbene wichtig war, dass er Teil des Lebens war. Dies ändert sich niemals durch den Tod, denn dieser ist nur der Übergang in einen anderen energetischen Zustand. Der Tod kann uns nicht wirklich voneinander trennen, lediglich im körperlichen Sinne.

Wenn Sie jemanden kennen, der vor nicht allzu langer Zeit einen geliebten Menschen verloren hat, dann sprechen Sie ihn darauf an, wie es ihm geht. Fragen Sie ihn, wie er nun zurechtkommt. Lassen Sie ihn über seinen Verlust und seine Gefühle sprechen. Helfen Sie ihm, seinen Schmerz zu lindern, indem Sie für ihn da sind, indem Sie ihm zuhören und indem Sie den Toten in Ihrer und seiner Erinnerung aufleben lassen.

Wenn Sie selbst vor Kurzem jemanden verloren haben, und ihre Mitmenschen das Thema nicht von sich aus ansprechen, dann tun Sie es einfach, selbst wenn es ihnen auf der Seele brennt. Vielleicht wissen Ihre Freunde und Bekannten nur nicht, wie sie mit dem Thema richtig umgehen sollen.

Suchen Sie das Gespräch über den Verlust, wann immer Ihnen danach zumute ist.

Selbsthilfegruppen

Bei besonders schlimmen Ereignissen ist es hilfreich, sich Gleichgesinnte zu suchen, die ähnliches Leid erfahren haben. Es gibt zahlreiche Selbsthilfegruppen, die einem helfen können, mit der speziellen Situation besser klarzukommen. Hier findet man andere Menschen, die sehr ähnliche Erfahrungen machen mussten und einem hilfreich bei dem schweren Weg zur Seite stehen können.

Nicht jeder hat die gleichen traumatischen Todesfälle erlebt, daher sind in einigen Fällen spezielle Selbsthilfegruppen eine wichtige Hilfe zur Verarbeitung der Erlebnisse.

Scheuen Sie sich nicht, dort hinzugehen. In diesen Gruppen sitzen nur Menschen, denen es so wie Ihnen erging oder immer noch ergeht.

Psychotherapie

Trauernden, die Schlimmes erlebt haben und damit nicht gut zurechtkommen, wird manchmal empfohlen, psychologische oder psychotherapeutische Hilfe aufzusuchen. Psychotherapie ist sicher eine Möglichkeit, die eigene Trauer leichter zu verarbeiten. Allerdings haben viele Menschen Hemmungen, zum Psychiater zu gehen.

Wie immer in solchen Therapien kommt es sehr stark auf den Psychotherapeuten selbst an. Die Chemie oder besser gesagt die Energie zwischen dem Patienten und dem Psychotherapeuten muss stimmen, ansonsten wird diese Form der Therapie bei der Trauer nicht helfen können.

Wichtig ist, dass der Psychotherapeut auf dem Gebiet der Trauerarbeit Erfahrungen hat und nicht »nur« eine klassische Psychotherapie durchführt.

Der Trauernde ist schließlich nicht psychisch krank. Er ist nur unendlich traurig über den Verlust, den er erlitten hat.

Der Therapeut sollte auf alle Fälle die Seele des Trauernden in die Therapie einbeziehen. Denn sie ist es, die leidet und dadurch blockiert ist.

Seelentherapie

In einigen Fällen können spezielle Coachings auf seelischer Ebene dabei helfen, den Trauerfall zu verarbeiten. Schließlich ist der Trauerfall in vielen Fällen geschehen, um die Seele auf ihrem Entwicklungsweg vorwärtszubringen. Wie bereits erwähnt, hat der Trauernde keinen psychischen Schaden, nur weil er traurig ist. Ganz im Gegenteil: Es ist völlig normal, dass Menschen nach einem Todesfall traurig sind.

Die Seele muss verstehen, warum der Tod eine andere geliebte Seele zu sich genommen hat.

Erst dann können wir verstehen, warum uns derjenige verlassen musste. Erst dann können wir seinen Tod akzeptieren und anerkennen. Wenn wir wissen, warum etwas geschehen ist, können wir besser damit umgehen.

Wenn wir den Grund für den Tod kennen, fällt uns das Weiterleben leichter.

In der Seelentherapie steht der Austausch von einer Seele zur anderen im Vordergrund. Wir können diesen Austausch mit den lebenden Seelen praktizieren, aber auch mit denen verstorbener Menschen. Die Seele, die ins Jenseits gegangen ist, hält immer noch die Verbindung zu unserer eigenen Seele. Wir Menschen können lernen, diese zu fühlen. Wir können lernen, diese zu spüren. Wir können in einer Seelentherapie unendlich viel über uns selbst erfahren, denn alles, was wir in Wirklichkeit sind, ist nicht unser Fleisch, ist nicht unser Blut. Es ist nicht unser Körper. Dies ist alles vergänglich.

Das Einzige, was auf ewig lebt und existiert, ist unsere Energie und unsere Seele.

Wir sind alle Seelen. Dies ändert kein Tod. Dies ändert kein Schmerz. Dies ändert kein Leid und keine Trauer. Wir sind, was wir sind, und wir sind niemals vergänglich. Wir leben und wachsen an allem, was uns widerfährt. Das sind wir. Das ist unsere Seele.

Seelentherapie ist Arbeit an unserem innersten Kern. Es ist Arbeit an unserem Selbst. Seelentherapie ist keine Arbeit, die sich mit dem Außen beschäftigt, sondern sie bezieht sich auf unseren wahren Kern. Seelentherapie ist in der Lage, Türen in uns zu öffnen, deren Existenz uns vorher überhaupt nicht bewusst war. Sie ist in der Lage, uns auf den richtigen Weg zu bringen, auf den Weg, den der Tod uns aufgezeigt hat.

Seelentherapie kann uns die Welt ohne Schmerz, Leid, Trauer und Verlust offenbaren, denn die Seele sieht das menschliche Leben mit anderen Augen.

Der Tod nimmt uns nichts. Die Seele verliert niemals, und das menschliche Leben ist Teil eines großen Plans auf unserem endlosen Weg zu wahrer Liebe, guter Energie und ewigem Seelenwachstum.

Worte zum Abschied

Wir alle müssen eines Tages gehen.
Das ist ein Gesetz
des menschlichen Lebens.

Wir alle verlieren im Laufe unseres Lebens Menschen, die wir lieben. Wir alle müssen den Tod als Teil unseres Lebens akzeptieren. Wir alle gehen durch Höhen und Tiefen. Manche Tiefen hinterlassen tiefe Narben, Narben, die uns ein Leben lang begleiten. Doch diese Narben dienen nicht dazu, uns zu zerstören. Ganz im Gegenteil: Diese Narben dienen dazu, uns auszuzeichnen mit dem, was wir leisten können. Sie schmücken uns mit unseren menschlichen Erfolgen. Sie zeigen unser seelisches Wachstum, unseren Erfolg in diesem, im letzten und im nächsten Leben.

Die Narben unserer Seele erinnern uns daran, wer wir sind, wer wir waren und wer wir sein werden. Narben verunstalten uns nicht. Sie machen uns stark, sie machen uns unverwundbar, und sie machen uns seelisch unendlich schön.

Jeder Mensch bekommt im Laufe des Lebens Narben, manche Personen mehr als andere. Diese Narben sind unser größter seelischer Schatz, denn sie zeigen, wie gut wir im täglichen Leben bestehen. Seien Sie stolz auf Ihre Narben, und danken Sie den Menschen, die Ihnen geholfen haben, aus diesen Situationen als

Sieger hervorzugehen. Sie haben bereits so viel in Ihrem Leben geschafft. Sie haben bereits so viel in Ihrem Leben erreicht. Gehen Sie aufrecht durch die Welt. Lassen Sie den Kopf niemals hängen, egal, wie Ihre Geschichte aussieht, denn Sie sind eine wundervolle Seele und unendlich stark.

Lassen Sie die Liebe Ihres Lebens gehen. Lassen Sie sie ihren Weg weitergehen. Sie wird Sie niemals verlassen, denn Sie sind eins. Wir alle sind eins. Der Verstorbene ist vielleicht tot im menschlichen Sinne. Aber seine Seele ist immer noch hier. Sie ist immer hier gewesen, und sie wird auch immer hier sein.

Energie verschwindet nicht.
Sie wandelt sich lediglich.

Die Seelen von unseren Toten lieben uns sehr. Sie wollen nicht unser Leid. Geben Sie ihnen diese Liebe zurück, indem Sie ihren Tod als Bestandteil Ihres Lebens erkennen und akzeptieren. Erkennen Sie, was Sie sind, genauso, wie Sie erkennen, wer der liebe Mensch war, der von Ihnen gegangen ist. Sie sind Energie, Sie sind Seele, Sie sind Liebe. Der Verstorbene ist nichts anderes.

Wir alle sind Energie, Seele und unendliche Liebe.

Dies sind wir gestern, heute und auch morgen. Lassen Sie den Verstorbenen seiner neuen Wege weitergehen. Dennoch bleibt er für immer bei Ihnen. Geben Sie ihm Freiheit und Liebe für seinen nächsten Seelenschritt.

Die Dinge, die geschehen sind, können wir nicht rückgängig machen, aber wir können lernen, damit zu leben.

Ich weiß, wie sehr Sie den Verstorbenen geliebt haben, denn ich spüre es tief in meiner Seele. Auch er weiß und fühlt es, denn die wahre, tiefe und reine Seelenliebe ist stärker als jeder Körper. Sie ist mächtiger als alles auf dieser Welt. Sie ist die Göttlichkeit unserer Seele. Sie ist unser spiritueller Kern.

Erkennen Sie die Notwendigkeit des Todes für das Leben. Wenn es keinen Tod gäbe, dann gäbe es auch kein Leben.

Erkennen Sie die Notwendigkeit, den Tod als Teil Ihres eigenen Lebens zu erkennen. Betrachten Sie diese Notwendigkeit nicht aus der Sicht eines Menschen, der irgendwann selbst sterben muss. Betrachten Sie sie nicht aus der Sicht eines Menschen, der jemanden durch den Tod verloren hat.

Denn Sie sind nicht nur ein Mensch. Sie sind nicht nur ein sterbliches Wesen. Sie sind nicht nur irgendeine Person im Kreislauf von Geburt und Tod. Sie sind nicht nur ein Wesen, das allem, was geschieht, scheinbar hilflos ausgeliefert ist. Sie sind kein unschuldiges Opfer der Umstände Ihres Lebens. Sie sind nicht verloren in dem, was man Schicksal nennt.

Nein! Sie sind göttlich. Sie sind einzigartig. Sie sind der Stern des Himmels. Sie sind nichts, was sich zerstören lässt. Sie sind nichts, was sich töten lässt. Sie sind nichts, was vergänglich ist. Sie sind Energie, Liebe und Seele. Sie *sind*.

Betrachten Sie die Notwendigkeit, den Tod zu verstehen, aus der Sicht Ihrer seelischen Göttlichkeit. Betrachte Sie sie aus der Sicht einer ewig lebenden Seele, und Sie werden erkennen, dass der Mensch, der scheinbar gegangen ist, dass der Mensch, der Sie scheinbar verlassen hat, ein Engel hier auf Erden war – ein Engel, der Sie lehrte, was es heißt, zu leben, ein Engel, der Ihnen zeigte, wie kostbar die Liebe ist, wie kostbar Gefühle sind und wie kostbar Ihre ewig lebende Seele ist.

Der Tod bringt die Engel der Liebe
zurück in unser aller göttliches Himmelreich.
Der Tod bringt uns nur heim.

Nachwort

Nun bin ich nicht mehr in deiner Welt, doch ich sehe dich. Ich sehe dich dort sitzen und um mich weinen. Warum tust du das? Warum bist du so traurig? Kannst du denn nicht erkennen, dass sich nichts geändert hat? Dass ich immer noch hier bin, neben dir? Dass ich dich sehen kann? Dass ich dich hören kann? Dass ich dich spüren kann bis in alle Ewigkeit? Auch wenn du meinen Körper nicht mehr siehst, auch wenn du meine Stimme nicht mehr hörst, so wisse, es geht mir gut.

Ich wandle durch die Zeit. Ich wandle durch die Welt, und ich fliege wie ein Engel. Weine nicht um mich, denn wir werden uns wiedersehen. Wenn dein Tag gekommen ist, dann sind wir wieder vereint. Dann kannst auch du mich wieder sehen, dann kannst auch du mich wieder hören, dann kannst auch du mich wieder spüren.

Bis es so weit ist, vergeht nur ein winzig kleiner Augenblick in meiner Zeit. Nicht Jahre warte ich auf dich, sondern nur einen Wimpernschlag, im Land der Endloszeit gesehen.

Darum lächle, und freue dich für mich, denn ich bin dort, wo unsere Seelen alle zu Hause sind.

Nathalie Schmidt

Energie
Grundlage des Lebens
Von grundlegenden Energiezentren
bis zu Energieräubern

200 Seiten

ISBN 978-3-8434-1054-0

Energie, Energie, Energie
Energie betrifft alle, sie ist die Basis allen Seins. Ohne sie kann nichts existieren. Doch was ist Energie überhaupt? Dieses erste von zwei Grundlagenbüchern erklärt alle Aspekte von Energie umfassend und verständlich: Welche Energiestrukturen gibt es? Welchen Einfluss hat Energie auf das Leben? Und wie viel davon braucht der Mensch, um ein glückliches und zufriedenes Leben führen zu können? Nathalie Schmidt hat sich beruflich sehr intensiv mit Leben und Tod auseinandergesetzt und Energie in all ihren Erscheinungsformen beobachten können. Nun teilt sie ihr Wissen und ermöglicht es dem Leser, auf die Suche nach seiner eigenen Energie zu gehen und dadurch seinen persönlichen Energiehaushalt zu optimieren.

Nathalie Schmidt

Energie im menschlichen Leben
Energiemangel vorbeugen
und ausgleichen

200 Seiten

ISBN 978-3-8434-1072-4

Energie bedeutet Leben. Somit ist sie für Mensch und Umwelt unverzichtbar. Doch wieso ist es manchmal so schwer, die eigene Energie in die richtige Richtung zu lenken? Und warum lassen sich so viele Menschen oft unnötig Energie entziehen?
In diesem zweiten Grundlagenband beleuchtet Nathalie Schmidt, in welchen Lebensphasen Menschen einen erhöhten Energiebedarf haben, und zeigt Wege auf, wie man einem Energieverlust vorbeugen und seine Energievorräte auffüllen kann. Sie erläutert anschaulich, wie Energiemangel zu Krankheiten führen kann und wie dieser wieder ausgeglichen wird. Außerdem beschreibt sie, welche energetischen Prozesse sich beim Sterben vollziehen. Lernen Sie in diesem Basiswerk alles über Ihren Energiehaushalt und wie Sie Energie bewusst nutzen können!